«VARIA»

SAMUELE MAFFIZZOLI
ENRICO MODICA
DANIELE ROSELLI

CALCIATORI BRUTTI

Sperling & Kupfer

Realizzazione editoriale a cura di Studio Dispari.

CALCIATORI BRUTTI

ISBN 978-88-200-6096-1

I Edizione settembre 2016

Anno 2016-2017-2018 - Edizione 1 2 3 4 5 6 7 8 9 10

A chi non ha mai pensato
che il calcio è solo un gioco.

Indice

Introduzione

QUANDO ci hanno chiesto di scrivere un libro su Calciatori Brutti ci è venuto da ridere. Tre ragazzi poco più che ventenni, che nella vita non hanno combinato granché, non meritano di mettere nero su bianco la loro storia.

Quello che è oggi Calciatori Brutti dipende imprescindibilmente da chi ci segue: proprio per questo abbiamo raccontato il nostro mondo, che è soprattutto il vostro, quello del calcio di provincia.

Abbiamo raccontato la squadra, lo spogliatoio di Calciatori Brutti, anche attraverso le storie incredibili di alcuni nostri fan. Questo non è solo il libro di Daniele, Enrico e Samuele, ma lo è soprattutto delle migliaia di italiani che ogni settimana si allenano in fangosi campi di provincia, che al posto dei piedi hanno due pezzi di ghisa, che si sono infortunati prima di un provino per una grande squadra, che alla terza operazione si sono rialzati e hanno ricominciato a giocare. È il libro di chi si è tolto la maglia dopo un gol in terza categoria e ha esultato alla Tardelli, e di chi ha pianto dopo una rete presa allo scadere, di chi lavora a testa bassa e non vede il campo nemmeno per sbaglio, e di chi si presenta dopo aver fatto after la domenica mattina. Circa un anno fa aprimmo la rubrica «Raccontalo a CB» per raccogliere storie di rivincite, fallimenti, esclusioni, tormenti, passione. Oggi siamo orgogliosi di portare queste storie anche in un libro.

Buon viaggio.

La solitudine dei numeri 1

Per vincere occorre che il portiere pari, i difensori difendano, gli attaccanti attacchino e i centrocampisti centrocampistino.

ARRIGO SACCHI

Si dice che per giocare tra i pali si debba avere qualche rotella fuori posto. Che il numero 1 generalmente sia quello con i piedi meno buoni, quello che se ne sta fermo novanta minuti a guardare lo scorrere del gioco, che sussulta impotente non appena gli avversari superano la metà campo.

Tutta colpa del ruolo: gli altri corrono, dribblano, segnano.

Nei momenti di frustrazione falciano qualunque cosa si muova.

I portieri invece sono rinchiusi in una prigione senza sbarre, l'area di rigore.

Per me vale solo la storia dei piedi meno buoni; o meglio, dopo avere spaccato qualche finestra in tenera età e rotto il naso di un amico al grido di «Gabriel

Omar Batistuta!» mi è stato suggerito, se proprio ci tenevo a giocare a pallone, di stare in porta.

Così per forza di cose mi è toccato fare tutto ciò che risulta innaturale sia per un gioco chiamato «calcio», ovvero prendere la sfera con le mani, sia per l'essere umano in generale, ovvero buttarmi su cannonate che quando sei fortunato ti lasciano un livido e quando ti beccano dritto in faccia ti fanno dimenticare per dieci secondi il tuo nome.

I primi tempi mi sentivo un bersaglio, ma con il passare delle giornate al parco iniziai a tuffarmi sull'erba, a rotolarmi ogni volta che bloccavo un pallone, a sbucciarmi le ginocchia quando il terreno era secco e a tornare a casa con i vestiti pieni di fango. Insomma, diventai l'incubo di mia madre e la grande speranza di mio nonno, che mi considerava il Peruzzi dei poveri.

(Classico campetto di periferia in cemento e senza reti che ci ha visti crescere e che ha segnato la nostra infanzia, soprattutto gli arti con grattoni e botte che manco nelle risse tra gang.)

La mia carriera vera e propria iniziò nel 1995: avevo sette anni ed ero iscritto a una piccola scuola calcio della provincia di Verona. Giocavo nella squadra del quartiere ed era una faticaccia: ancora adesso, quando vedo partite di ragazzini di quell'età, quello che colgo è una massa indistinta che si muove e calcia un pallone, a volte non conta nemmeno verso quale porta, l'importante è far muovere una delle due reti.

Ecco, allo stesso modo nei miei primi calci ciò che vedevo era la palla arrivare da ogni direzione e da qualsiasi giocatore; l'unica cosa di cui mi preoccupavo era di non prendere gol.

Ma più passava il tempo, più mi innamoravo del ruolo: più crescevo, più il calcio cresceva con me, e così le tattiche, le squadre, gli allenamenti personalizzati.

Mi piaceva tutto, tranne la solitudine.

Ancora oggi, mentre calco i paludosi campi della pianura veneta, tra la pioggia e l'attesa di un tiro mi sento tremendamente solo, come un pugile. Come chi sale sul ring, benché il mio sia uno sport di squadra, sento di fare tanta fatica e molti sacrifici invisibili ai più, ma soprattutto so che un colpo casuale può metaforicamente buttarmi per terra da un momento all'altro e rovinare novanta minuti di miracoli.

E mentre quando ero più piccolo non aspettavo altro che poter intervenire e dare sfoggio delle mie abilità, oggi, molti palloni raccolti in fondo al sacco dopo, non mi dispiace quando – raramente – dominiamo il campo e finisco la partita con due parate all'attivo. Non mi dispiace smorzare la tensione di un'azione di un nostro attacco mordendo la gommapiuma dei guanti: lo preferisco al venire bombardato da ogni posizione.

Questa tendenza è dovuta a un aneddoto dei miei primi anni da estremo difensore.

Quando avevo tredici anni, l'Hellas Verona ci invitò per un'amichevole di prestigio.

Era una bella giornata primaverile e, nonostante l'ovvia agitazione, avevo accolto la notizia con relativa tranquillità.

Ma, prima dell'inizio, il mister mi chiamò da parte e mi disse: «Oggi ci sono anche i loro osservatori, cercano un portiere. Faccio giocare prima Nicolò poi entri tu, mi raccomando».

Guardalben, Battistini, Frey: la mente corse subito a loro, i miei idoli che avevano difeso la porta della prima squadra.

Con il cuore a mille, seguii il primo tempo dalla panchina: 3 a 0 per loro, ma il risultato non contava.

I quindici minuti di intervallo sembrarono un'eternità, mi pareva che ogni pallone che l'allenatore calciava verso di me per prepararmi fosse un fondamentale che se ne andava dalla mia mente. Mentre terminavo il riscaldamento, il cielo diventò buio, roba che manco l'apocalisse.

Quando battei i tacchetti contro il palo, sentii le prime gocce scendere; quando l'arbitro fischiò l'inizio della ripresa, si scatenò un diluvio che nemmeno a Perugia 2000.

Il terreno si era appesantito parecchio, ma era più che accettabile per gli standard da desperados a cui era abituata la nostra squadra, per la quale fare dieci passaggi di fila poteva considerarsi come la vittoria di un campionato, e giocare in un campo senza crateri lunari sparsi era come correre a Wembley.

Insomma, quel pomeriggio era tutto tranquillamente in regola tranne che 10 metri quadrati, quelli della mia area di rigore.

Si era formata una pozza d'acqua profonda mezzo piede dalla porta al dischetto.

Con le caviglie sommerse guardavo impietrito i giocatori, pensavo alla sfiga di essere capitato nel tempo sbagliato e nel lato sbagliato del campo.

Guardavo verso la tribuna, ma l'orizzonte era un muro d'acqua.

Ero solo, ero la vittima predestinata.

4, 5 a 0... non riuscivo a muovermi, avevo le gambe di piombo inchiodate a terra... provai a giocare più avanti... pallonetto 6 a 0. Un incubo.

Gli avversari cominciarono pure a sbeffeggiarmi.

Tiravano da qualsiasi punto, mi tuffavo, ma la palla sembrava più inarrivabile della mia compagna di classe che amavo in segreto e mi schifava dal primo giorno di scuola.

6, 7, 8, 9 e fischio finale.

Nemmeno una parata, raccolsi solo palloni dalla porta, zuppo e sporco fino alle ossa. Ero solo contro tutti.

A un certo punto la sfera non arrivò per cinque minuti e rimasi stupito. La folta coltre di pioggia non mi permetteva di vedere più niente, ma pensavo stessimo finalmente tenendo duro.

Poi arrivò mio nonno con l'ombrello e mise in atto una delle scene più tristi della mia infanzia: «La partita è finita da cinque minuti, andiamo».

Non avevo sentito il fischio, o forse pensavo di essermelo immaginato.

Mi abbracciò mentre da buon veneto muovevo i miei primi passi nel mondo della blasfemia.

Rientrai nello spogliatoio, presi la borsa e tornai a casa piangendo.

Fosse successo dopo i sedici anni, non ci avrei pensato due volte a chiedere a mio cugino più grande di comprarmi una bottiglia di amaro e una stecca di sigarette per distruggermi in solitudine ascoltando i Nirvana nel parchetto dietro casa.

(Il portiere è colui il quale vede tutti gli avversari in faccia e tutti i compagni di spalle. Ma se sei in squadra con Kévin Constant forse è un bene.)

La mia grande occasione era finita nel cesso.

Dopo un evento simile, ogni persona normale avrebbe mollato.

Certamente non ero felice, né sono stato certo dei miei mezzi per molto tempo, ma ero pur sempre il Peruzzi dei poveri, almeno secondo mio nonno, che da quel giorno aveva deciso di darmi 5.000 lire a ogni rete inviolata, premio con cui non riuscii mai nemmeno a farmi una Summer Card.

Ma soprattutto ero, e sono, un portiere: c'è una linea sottile che divide l'essere irresponsabili dall'essere stupidi.

Il portiere deve essere irresponsabile al momento giusto.

La stessa linea, infatti, divide il destino dell'estremo difensore: irresponsabile o stupido, eroe o mani di pongo.

Principalmente il portiere deve avere il compagno di squadra che lo incita anche dopo un 4 a 0, dopo un gol sotto le gambe: deve essere parte del gruppo.

E grazie a Dio queste cose non mi sono mai mancate.

Più passava il tempo, più raccoglievo i cocci dei miei sogni distrutti e mi rendevo conto che ormai non stavo più in porta per le finestre spaccate anni prima, né perché nessuno voleva starci: ormai la mia era una scelta.

Ogni inizio stagione è tuttora un'agonia: non scendere in campo la prima di campionato equivale a una serie di bestemmie ogni domenica mattina tra la nebbia quando arrivi al campo e sai che con il 12 sulle spalle sei condannato a passare novanta minuti a prendere freddo, mentre il tuo spirito lotta indeciso se sperare in una vittoria o in un infortunio del titolare.

Ma per fortuna non è mai stato il mio caso.

Mi sono sempre allenato, mi sono sempre sudato la numero 1, ho sempre rischiato fino in fondo, ho sempre mascherato la mia enorme emotività facendo sentire ai miei compagni di squadra che avevo tutto sotto controllo anche dopo una papera colossale.

Abilità e vulnerabilità, ma anche karma.

Dopo tanti anni, ho avuto la mia rivincita su quella nefasta partita che mi ha tarpato le ali e non mi ha permesso di diventare il nuovo Peruzzi.

Non è successo in qualche sordido campo di provincia, ma a migliaia di chilometri dal nebbioso Veneto: in Brasile.

Camminavo sulla spiaggia con la mia ragazza quando fui richiamato dalle grida confuse e festose di alcuni bambini che giocavano in un campo di calcetto disegnato sulla spiaggia. Due ragazzini stavano litigando.

«Imbroglione!» urlava un piccolo ciccione in t-shirt a un altro che nemmeno lo guardava.

Gli puntava l'indice grassoccio sul naso e respirava affannosamente.

Mi fermai a osservare la scena.

Il motivo di quell'accusa era dovuto al fatto che una squadra annoverava tra i suoi componenti il fratello adulto di un giocatore.

Gli avversari urlavano l'imparità che quel fattore avrebbe prodotto.

Quando uno di loro mi vide stazionare a pochi metri, corse verso di me così velocemente che temetti di essere investito.

Era sudato e gli brillavano gli occhi.

Quando potevo ormai sentire il suo alito addosso, esclamò entusiasta: «Signore, signore, può giocare con noi?»

La sua faccia sembrava non ammettere un rifiuto, mi ricapitolò la situazione, mi prese per mano e mi trascinò in campo.

(Ci sono due tipi di uomini: quelli che dicono di aver provato almeno una volta a replicare in spiaggia il gol di Aldo in *Tre uomini e una gamba*, e i bugiardi.)

Mi tolsi la t-shirt, esponendo il mio fisico da sollevatore di pinte al sole carioca.

Tirai la maglietta alla mia ragazza, pronto a mettere al servizio i miei anni di militanza.

Ma mentre mi stavo avvicinando ai pali, il bambino mi indicò il centrocampo.

Mi aveva posizionato come ala, mi aveva spiegato a gesti che dovevo correre continuamente da una parte all'altra dietro alla palla, senza meta, praticamente la storia della mia vita.

A due minuti dalla fine, i piedi bruciavano a contatto con la sabbia.

Avevo macinato centinaia di metri senza sosta, avevo lanciato palloni dappertutto senza beccare lo specchio nemmeno per sbaglio. Per di più, le sigarette che fumavo abitualmente si facevano sentire, e dopo ogni scatto dovevo fermarmi a riprendere fiato.

Stavamo vincendo 5 a 4, il gol del vantaggio era stato siglato da un tredicenne dal tocco morbido che aveva dribblato metà difesa avversaria e scagliato il pallone verso la porta: era rimbalzato sul palo prima di finire la sua corsa in rete.

Quando sembrava ormai fatta, un biondino poco avvezzo alle regole del gioco prese la sfera in piena area di rigore con le mani. La guardò e la fece cadere subito, poi lanciò un'occhiata piena di giustificazione a tutti, come se fosse stata la sfera a toccare le sue mani e non viceversa.

I miei compagni di squadra, increduli, non provarono nemmeno a protestare: rigore netto.

Si presentò sul dischetto il mio coetaneo.

La squadra mi fissò intensamente e con un velo di disperazione.

Juan, quello che mi aveva portato in campo, si avvicinò e mi posò una mano sulla spalla: «Tocca a lei».

Era chiaro: grande contro grande.

Guardavo il rigorista con preoccupazione, era mancino, come Messi, e aveva pure dimostrato una discreta tecnica.

Raccolsi energia e concentrazione.

Anna si mise le infradito, si alzò in piedi, appoggiò gli occhiali da sole sulla fronte e si aggrappò alla rete che contornava il campo.

Il dischetto era vicino, troppo vicino. Battei i palmi delle mani due volte sulle ginocchia.

Nel frattempo, i capitani avevano confabulato al

limite dell'area sentenziando che in caso di gol ci sarebbe stato un tempo supplementare da dieci minuti, in caso contrario sarebbe finita lì.

Il pallone era posizionato su una cunetta a pochi metri dalla porta. L'avversario lo guardò e prese cinque passi di rincorsa. Avanzò a piccole falcate. Colpì il pallone con forza, la punta del piede impattò sul cuoio.

Non sapevo cosa fare: la palla era tesa ma sembrava poter curvare da un momento all'altro. Mi buttai a destra, il mio lato forte, coprivo tutta quella parte della porta.

Temevo di vedere la rete sgualcita alle mie spalle gonfiarsi da lì a qualche istante.

La sfera roteava veloce, era centrale.

Dopo qualche secondo, sentii l'impatto: il pallone mi colpì dritto sopra l'inguine e si fermò qualche centimetro davanti a me.

D'istinto lo bloccai appena toccò terra. Il contatto con il suolo sollevò una leggera polvere bianca che mi fece tossire.

Trattenni il fiato e chiusi gli occhi per un istante: quando li riaprii vidi i ragazzi dall'altra parte del campo sbigottiti, in ginocchio con le mani tra i capelli.

I miei compagni di squadra invece correvano verso di me esultando.

Avevano le braccia protese verso il cielo in segno di vittoria, la bocca aperta che gridava felicità.

In men che non si dica, fui sommerso da corpicini che urlavano abbracciandosi l'un l'altro, manine che facevano a gara per battermi sulla testa e scompigliarmi i capelli.

Ridevano e scherzavano sulla mia parata fortunosa.

«*Campeones! Campeones! Ole ole ole!*»

Si misero in cerchio e iniziarono a ballare.

Non riuscivo a parlare, percepivo solo il sudore e le risate dei bambini.

Mi liberai a fatica, il sole mi faceva chiudere gli occhi, ero ancora piegato sulle ginocchia per il dolore.

Andai al bar con Anna, ordinai una birra e ne presi un lungo sorso.

(Ah, il calcio in spiaggia all'alba... poesia, tranne quando sei in hangover e devi recuperare il pallone tra rifiuti radioattivi e avanzi di kebab trascinati dalla corrente.)

Mi sedetti sulla pavimentazione infuocata che era il cemento circostante e appoggiai la bottiglia fredda sull'inguine per contrastare il male.

La spiaggia continuava la sua routine, mentre il campetto dove era esplosa la festa era un luogo a parte. Per loro non c'era altro al mondo.

Andandomene con la maglietta sulle spalle, mi

girai per salutare Juan e gli altri che si stavano ancora abbracciando.

Il niño alzò il pollice in segno di vittoria, e io feci altrettanto.

Non sono mai arrivato in serie A, nemmeno qualcosa che si avvicinasse a una categoria decente, ma quel pomeriggio di gloria vale ancora oggi tutti gli allenamenti e i gol presi in gare ufficiali.

Sognando la prima squadra

Vivo la mia vita 90 minuti a settimana.

Javier Zanetti

«AVEVO lavorato duramente per arrivare pronto a quell'appuntamento e sapevo che avrei raccolto i frutti del sudore versato, con le buone o con le cattive. Penso di non aver mai spremuto così a fondo la mia forza di volontà come in quel periodo e, anche se non l'ho mai detto a nessuno – neanche a me stesso – non ho mai dubitato un secondo del fatto che ce l'avrei fatta. Era da un anno che aspettavo quel momento.

A diciotto anni non mi ero ancora mai chiesto cosa volessi fare nella vita. Le mie energie, il mio tempo e la mia vita sociale erano totalmente gestiti in funzione degli allenamenti e della partita.

Il giorno in cui mi dissero che sarei andato ad allenarmi con la prima squadra, in Eccellenza, nelle dieci ore successive alla notizia non pronunciai una parola.

Chi schiererebbe mai in mezzo a padri di famiglia assatanati un difensore diciottenne e magrolino di un metro e 75?

Al primo allenamento mi massacrarono. Colpi che sarebbero proibiti anche su un ring, un paio di pestoni gratuiti e ritmi decisamente al di fuori della mia portata. Il ritorno a casa in pullman fu la mezz'ora più triste della mia vita, e aver caricato sul lettore MP3 un paio di canzoni dei Negramaro non aiutò per niente. Quella notte, prima di addormentarmi, mi chiesi se avesse senso continuare a credere di diventare un calciatore.

Il secondo allenamento andò anche peggio, per la partitella finale fui l'ultimo a essere scelto.

«Il ragazzino o la palla?» domandò il mister in seconda.

«La palla», rispose uno dei due capitani senza esitare un secondo.

Di quella sera ricordo solo un insulto abbastanza pesante nei confronti di mia madre perché avevo sbagliato una diagonale difensiva, e i due portieri che tornando in spogliatoio si chiedevano se fossi il figlio di qualche dirigente della società, dato che in quel contesto sembravo a mio agio come Platinette alla prima lezione di Pilates.

Al terzo allenamento non andai proprio. Mi inventai un'influenza, tanto era pieno inverno e non sarebbe stato troppo difficile da credere. Tornai ad allenarmi con i pari età, ma la notizia del mio flop era arrivata alle orecchie di tutti e la frase meno difficile da ingoiare fu: «Dai, tranquillo, magari dovevi solo puntare un po' più in basso». Per la prima volta in vita mia, scendere sul quel rettangolo verde mi angosciava, mi faceva paura.

Mi presi un paio di settimane per capire se fosse ancora quella la mia strada, o forse avevo soltanto paura di andare al campo e incrociare ancora gli sguardi di chi mi aveva umiliato. Probabilmente entrambe le cose. Fatto sta che nel momento più buio della mia breve carriera calcistica fu la persona più improbabile a ridarmi coraggio.

«Daniele, ho saputo che sono due settimane che non vieni al campo e credo sia per le brutte prestazioni con la prima squadra. Tutti hanno visto un ragazzino acerbo, ma io ho visto un giocatore che non molla mai. Ti hanno sbeffeggiato, insultato, malmenato, ma ogni volta ti sei rialzato a testa alta. Hai del potenziale, ragazzo, e vedendoti giocare ho avuto un'idea. Ma prima devi tornare ad allenarti. A presto.»

Poiché non avevo registrato in rubrica quel numero, non capivo da chi arrivasse l'sms, quindi feci un giro di chiamate tra i miei compagni e dopo mezzo piano tariffario esaurito trovai la soluzione. Era il mister della prima squadra, uno che se avesse potuto avrebbe schierato undici quarantenni pregiudicati ogni domenica pur di portare a casa il risultato, uno che si presentò in spogliatoio il primo giorno di ritiro dicendo che i giovani in quella squadra servivano solo a ritirare i palloni a fine allenamento, e che forse avrebbero fatto qualche comparsata in amichevole.

Dalla settimana successiva tornai al campo e iniziai a lavorare in maniera ossessiva su ogni singolo dettaglio, mi iscrissi in palestra per potenziare la muscolatura e chiesi a mia madre di eliminare tutte le porcate dal frigo. Da gennaio a giugno disputai le mie migliori partite attirando l'attenzione delle squadre dei paesi vicini. Tornai anche insieme alla mia fidanzata storica: non la prima, ma sicuramente la più importante. Per completare il puzzle mancava un solo pezzo: dovevo capire cosa avesse in testa, sei mesi addietro, il mister della prima squadra quando mi mandò quell'sms.

Mi convocò per un colloquio il giorno prima di partire per le vacanze estive. Fino a quel momento praticamente non sapevo che timbro avesse la sua voce, dato che in allenamento lasciava parlare il suo secondo, e in partita se ne stava seduto in panchina a segnare scrupolosamente ogni errore dei suoi ragazzi. Parlava alla squadra solo in tre occasioni: a inizio stagione per mettere le cose in chiaro, prima delle partite per tirare fuori il meglio da quelli che lui amava definire «i suoi criminali», e durante l'intervallo, quasi sempre per rimproverare l'ala destra di non essersi ancora sporcata i pantaloncini di terra o di sangue. Da giovane era stato il capitano della Primavera del Torino ed era considerato uno dei futuri titolari della Nazionale italiana, prima che un grave incidente stradale gli portasse via il piede sinistro. Quando entrai nel suo ufficio sapevo di essere in un momento decisivo della mia vita calcistica: potevo essere aggregato al ritiro della prima squadra e allenarmi con loro tutto l'anno, magari strappando qualche presenza in amichevole.

«Siediti ragazzo. Arrivo subito al punto: tu giocherai titolare in prima squadra.»

Rimasi impietrito; mi passarono per la testa tutte le ingiurie prese in soli due allenamenti, figuriamoci cosa sarebbe successo in una partita di campionato.

«Mister, ma è sicuro?»

«Sì ragazzo; hai la mentalità per far parte di questa banda di criminali. Sei cattivo al punto giusto e finché non ti sparano in un ginocchio non ti arrendi.»

Qualche ragazza in passato si era sbilanciata nei miei confronti, ma consideravo questa la dichiarazione d'amore più bella che avessi mai ricevuto.

«Tu giocherai in prima squadra, ragazzo», continuò il mister, «ma non nella mia, non quest'anno. Voglio mandarti un paio di categorie più in giù a farti le ossa, a capire dove potresti finire un giorno se smetti di lottare. Ho già l'accordo con l'altra società, devi solo firmare qui.»

Mi passò i moduli per il prestito, ma non ebbi il coraggio di firmarli. Lo guardai dritto negli occhi e dissi: «Quelle categorie sono delle sabbie mobili mister, nessuno torna da lì tutto int...»

Mi interruppe. «Ora zitto e ascolta. Io conosco ogni singola squadra di questa regione e ho scelto per te una delle peggiori. Non hanno nemmeno una tribuna. Tu andrai lì, ti faranno giocare fuori ruolo e ringrazierai Dio per avere ancora entrambe le gambe alla fine di ogni partita. Quello che hai fatto finora non basta, prima di giocare nella mia squadra devi sapere cosa significa rischiare di perdere tutto da un momento all'altro.»

Mi venne spontaneo abbassare lo sguardo verso la sua scarpa ortopedica, quella senza piede dentro. Pensai anche a quella volta in cui vidi il mediano della Prima perdere un pallone al limite dell'area avversaria facendo partire il suo diretto avversario in contropiede: lo inseguì per 50 metri fino a stenderlo con una randellata da rosso diretto. L'arbitro inspiegabilmente estrasse un giallo, ma nessuno dei giocatori ebbe modo di protestare dato che il loro compagno era a terra con due mani al collo e un mastino di 80 chili con gli occhi infuocati che gli urlava in faccia: «Rubami un altro pallone e dovranno far venire qui tua madre per riconoscere il cadavere».

Forse avevo capito cosa intendesse il mister. Firmai, mi sorrise e mi disse che ogni tanto sarebbe venuto a vedermi giocare.

Due mesi dopo ero sul campo della nuova squadra per la preparazione estiva. Un caldo porco, la terra che si alzava a ogni azione entrandoti nei polmoni e le buche disseminate per il rettangolo di gioco non promettevano nulla di buono. Poi va considerato che uno spogliatoio di gente adulta è uguale dalla serie A alla terza categoria: ci sono delle gerarchie e delle regole da rispettare, anche se sei Maradona. Al primo giorno di ritiro arrivai con largo anticipo e andai subito a cambiarmi in spogliatoio. Man mano che entravano i miei nuovi compagni di squadra mi presentavo con una stretta di mano e loro mi guardavano come se fossi un pazzo. Non capivo perché tanta diffidenza nei miei confronti: volevo soltanto essere gentile. Passavano i minuti e quelli continuavano a osservarmi con la coda dell'occhio ridacchiando, mentre si sistemavano i calzettoni. Realizzai tutto solo quando entrò un capellone alto 20 centimetri più di me che, ancor prima di lasciarmi avvicinare, si voltò verso gli altri dicendo: «Questo è arrivato oggi e già non ha capito un cazzo».

Scoppiarono tutti a ridere e io mi sentii in imbarazzo

totale. Quando mi girai per tornare nel mio angolino mi accorsi che sopra l'attaccapanni c'era scritto a caratteri cubitali il suo nome: ancora non avevo iniziato e già mi ero seduto nel posto riservato al capitano.

Il resto di quella settimana passò abbastanza velocemente; puoi fare tutte le figuracce che vuoi, ma quello che conta è parlare la stessa lingua in campo. Nel nuovo ruolo di terzino destro mi trovavo bene e ottenni subito un posto da titolare, proprio di fianco al capitano. In un paio di occasioni rimediai anche a un suo errore guadagnandomi la fiducia di cui avevo bisogno. Stavo andando alla grande!

Alla terza giornata di campionato fummo costretti a traslocare su un altro campo perché il nostro era stato dichiarato inagibile. La società casualmente scelse proprio il campo in cui ho tirato i miei primi calci a un pallone, solo che adesso al posto della terra c'era un bel sintetico, e la vecchietta del bar era venuta a mancare ma per fortuna la direzione, sempre lungimirante, decise di affidare il ruolo a una gran Milf. Per quella partita era venuta pure mia mamma a vedermi giocare, approfittando del fatto che fosse vicino a casa. Durante il riscaldamento un dirigente si avvicinò a me e mi disse che il loro esterno di centrocampo aveva un ottimo sinistro e che l'anno precedente aveva segnato una tripletta all'andata e una al ritorno. Bell'incoraggiamento, pensai. Nei primi venti minuti di partita non toccò palla e proprio con un anticipo secco su di lui partì l'azione dell'1 a 0 per noi. Se solo ci fosse stato il mister a vedermi...

Ma forse fu meglio così. Appena cinque minuti dopo il nostro gol dovetti respingere un pallone al limite dell'area e nello slancio mi ritrovai con la gamba sinistra incastrata sotto quella di un avversario, che si lasciò cadere di peso sul mio ginocchio. L'articolazione si piegò in maniera innaturale, al contrario, tipo la zampa di uno struzzo, o almeno così mi dissero quando ripresi conoscenza sull'ambulanza.

La sentenza fu peggio di qualsiasi aspettativa: crociato, menisco, collaterale e frattura del piatto tibiale. L'intervento chirurgico durò cinque ore. Quando mi svegliai c'erano i miei genitori, la mia ragazza e qualche compagno di squadra, ma soprattutto il chirurgo che mi aveva operato. Quando feci la domanda che chiunque in quella situazione gli avrebbe posto, mi spiazzò: «Daniele l'intervento è andato bene. Ma è presto per dire se tornerai a giocare o meno».

Chiesi a tutti di uscire. Piansi come un bambino, fin quasi a soffocare. Ma decisi che se ci fosse stata anche solo una possibilità su un milione di tornare a giocare, io avrei sputato l'anima per farcela.

Passai i mesi successivi tra il letto e la sedia a rotelle.

Se non fosse stato per la mia ragazza, che veniva a trovarmi quasi quotidianamente, a casa sarei impazzito: devo a lei più della semplice riconoscenza. Decisi persino di aprire una pagina Facebook per combattere la noia e la monotonia di quelle giornate interminabili.

Poi finalmente le stampelle, la fisioterapia e la possibilità di tornare a camminare da solo. Il giorno in cui mi presentai al campo per fare la prima corsetta dopo sei mesi di riabilitazione, lo spogliatoio mi accolse con un applauso lunghissimo che non dimenticherò mai.

Bruciai le tappe allenandomi e facendo fisioterapia anche tre volte al giorno, sapendo che per tornare nella mia squadra di appartenenza avrei dovuto giocare almeno due o tre partite nel finale di stagione. Purtroppo ero stato troppo ottimista, tutti mi consigliarono con insistenza di evitare un rientro affrettato e di riprendere dopo l'estate. Mi incazzai come una iena e dissi che avevo bisogno di giocare quelle partite altrimenti non sarei mai tornato all'ovile. Dopo una sfuriata di mezz'ora con i dirigenti, me ne andai verso la macchina a testa bassa, ma appoggiato al cofano trovai lui: il mister. Non mi salutò nemmeno, mi abbracciò e con tono solenne mi disse: «So tutto, ragazzo, ho detto io alla società di non farti scendere in campo. Quest'estate allenati bene, che la prossima stagione sei di nuovo dei nostri».

Difficilmente piango in pubblico, anche se è costituito da una sola persona, ma non riuscii a trattenermi. Il mister mi diede una scompigliata ai capelli chiedendomi di promettere che quelle fossero le ultime lacrime che avrebbe visto sul mio volto. La sera stessa iniziai un programma di allenamento di due mesi che manco Rocky in Russia prima di sfidare Ivan Drago. Mi presentai ad agosto con una forma fisica e mentale mai avuta in vita mia.

Rimaneva un ultimo scoglio da superare, il più importante: per tornare a giocare serviva un certificato che attestasse la definitiva stabilità del mio ginocchio. Avevo superato brillantemente l'estenuante ritiro estivo di una squadra di Eccellenza, basterebbe non vomitare dopo il decimo allungo in salita per essere idonei a qualunque visita medica.

L'appuntamento che aspettavo da un anno, per il quale mi ero preparato duramente, era arrivato. Il medico, ironia della sorte, fissò la visita a un anno esatto dall'infortunio. Nella sala d'attesa mi passarono per la testa a uno a uno tutti i trecentosessantacinque giorni precedenti, tutte le ore di fisioterapia, tutti i secondi d'applauso di quello spogliatoio. Mi chiamano, entro, tolgo i jeans e inizia la visita.

«Complimenti, il tono muscolare è buono.»

Grazie, ho fatto più squat che respiri per due mesi…

«Anche la cicatrice è in ottime condizioni, il gonfiore sembra del tutto riassorbito.»

E allora firmami quel maledetto foglio e chiudiamola qui, no?

«Quello che mi preoccupa però è questa lassità qui, guarda...» Prese il ginocchio con entrambe le mani facendo un movimento che mi provocò un brivido lungo la schiena. «Ma nella prima operazione non ti avevano sistemato anche i legamenti?»

«Sì, è tutto scritto nella cartella clinica, professore», risposi.

«In questi mesi non hai mai avuto problemi di alcun tipo sui cambi di direzione?»

«Nulla da segnalare professore, a parte un po' di fastidio, ma penso sia normale.»

In realtà più di una volta ho dovuto fermarmi e mettere il ghiaccio, ma niente di preoccupante. «Strano, perché ti è saltato di nuovo il crociato.»

Mi si gelò il sangue nelle vene.

«Mi dispiace, figliolo, ma non posso prendermi la responsabilità di farti giocare in queste condizioni. Ti consiglierei una seconda operazione, ma il rischio di ricaduta è veramente altissimo.»

Uscii dalla clinica sconvolto. Prenotai altre quattro visite a pagamento nella settimana successiva, ma niente:

dicevano tutti la stessa cosa, preceduta sempre da un: «Mi dispiace».

Non avevo il coraggio di dirlo al mister, mi sembrava di aver tradito la sua fiducia. Continuai ad allenarmi dicendo che i risultati della visita dovevano ancora arrivare, ma il venerdì precedente a quella che sarebbe stata la mia prima partita ufficiale con la prima squadra, al momento delle convocazioni, fui costretto a vuotare il sacco.

Il mister si prese una pausa di almeno un minuto prima di replicare, poi disse: «Mi dispiace, ragazzo. Avevi ragione tu, quelle sono sabbie mobili».

Gli avevo promesso che non mi avrebbe più visto piangere e così fu. Corsi a casa della mia ragazza e mi sfogai con lei (ribadisco, santa donna).

La mia carriera era ufficialmente terminata quella sera. Mi ritrovai con un sacco di tempo libero a disposizione e decisi di portare un po' di quello che avevo vissuto negli spogliatoi sulla pagina Facebook che avevo aperto durante la convalescenza, insieme a quello che ormai era diventato uno dei miei migliori amici.

A distanza di un paio d'anni sono anche tornato a veder giocare la mia squadra: la solita dozzina di delinquenti che non perderebbe una partita in casa nemmeno contro il Real Madrid. A fine partita sono andato negli spogliatoi a salutare qualche ex compagno e, con mia grande sorpresa, tutti, anche quelli che non avevo mai visto prima, mi salutarono con un abbraccio e un sacco di complimenti. Forse perché mi avevano preso in simpatia, forse perché il mister dopo quella maledetta stagione non ha più mandato nessun giovane in prestito ad altre squadre, o forse perché mi ero perso qualcosa come in quel primo allenamento in cui mi sedetti nel posto del capitano.

Essere stato costretto a rinunciare al mio sogno più grande, quello a cui avevo dedicato i primi vent'anni di vita, poteva distruggermi, ma non glielo permisi. Da quella sera, infatti, decisi di scommettere su quella pagina Facebook aperta un po' per gioco, un po' per sfogo, e forse quei calorosi abbracci e complimenti ricevuti erano dovuti al fatto che tutti, ma proprio tutti in quello spogliatoio, erano fan di Calciatori Brutti.

Il mestiere più infame del mondo

Sento il rumore dei nemici e mi piace.

José Mourinho

Non sono un calciatore come quelli che si vedono in terza categoria, il cui unico scopo è frantumare i malleoli del diretto avversario o farsi vedere dalle ragazzine che urlano in tribuna.

Anzi, non sono proprio un calciatore: faccio il mestiere più infame del mondo.

Io sono un arbitro.

Questa passione è scattata in me due anni fa, anche se a essere sinceri sono andato un po' per esclusione.

Dopo una deludente carriera nel calcio, nel basket, nella pallavolo, nelle arti marziali, nello sci, nella briscola a cinque e a scala quaranta, ero troppo vecchio per qualsiasi sport, e si presentò questa opportunità.

Un volantino stropicciato fuori da una scuola, la passione per il calcio che non voleva saperne di andarsene, la noia del sabato pomeriggio... così composi il numero per avere maggiori informazioni.

Ecco, fare l'arbitro non è quello che si dice «un buon modo per attirare figa», ma non importava, volevo diventare il nuovo Collina nonostante avessi più capelli di Higuita.

Provai a coinvolgere qualche amico, ma nessuno voleva buttarsi con me in questa avventura. Tanto meglio per me: meno concorrenza per scalare le classifiche e arrivare ad arbitrare le finali della sagra... di Champions League.

Iniziò il corso: quindici lezioni serali in una fredda stanza sotto lo stadio, tenute da un promettente direttore di gara di serie D a una trentina di ragazzi dai quattordici ai venticinque anni, che con la palla avevano la confidenza di un vegano con le bistecche.

Due sere a settimana mi facevo chilometri e chilometri di macchina per sentirmi raccontare per filo e per segno ogni singolo punto del regolamento, molti dei quali già conoscevo. Trenta casi umani che non ce l'avevano fatta col calcio in religioso silenzio ad ascoltare con la speranza di esordire il prima possibile, con l'ambizione di mettere in riga ventidue delinquenti prestati al mondo del pallone.

Lezioni infinite prolungate sempre da un ragazzo rumeno che, al termine della spiegazione, alla frase:

«Ci sono domande?» partiva con improbabili quesiti su fasi di gioco assurde con annesse spiegazioni che si protraevano fino a tarda notte.

In breve tempo riuscì ad attirare l'odio di tutti noi.

Quindici lezioni e poi l'atteso esame teorico al termine del quale il vicepresidente della sezione ci disse: «Bene, siete diventati tutti arbitri, complimenti! Fra poco vi faremo esordire partendo dai giovanissimi; nel caso vi righino il motorino o vi aspettino fuori dallo spogliatoio, chiamate i carabinieri».

Con questo battesimo tagliò subito l'organico, tant'è che cinque di noi smisero qualche settimana dopo. Ma non io.

Cominciarono gli allenamenti al CONI della città e, come si sa, fare l'arbitro è un mestiere di solitudine: di fianco, a correre, ci sono solo i tuoi colleghi che sono allo stesso tempo squadra e rivali, pronti a darti una pacca sulla spalla quando sbagli ma allo stesso tempo speranzosi in un tuo fischio errato per salire di categoria a tuo discapito.

Piuttosto che farmi prendere per il culo da ragazzini invidiosi, decisi quindi di allenarmi da solo il più possibile in attesa dell'esordio, cercando di prepararmi al meglio per i test atletici, benché rimettersi in forma significasse rivoluzionare il mio stile di vita da rockstar dei poveri.

Tagliai cibo spazzatura e serate brave: d'altronde, se volevo diventare il nuovo Collina dovevo essere disposto a qualche sacrificio.

Anche perché per un arbitro i test fisici vogliono dire solo una cosa: yo-yo.

E purtroppo yo-yo non è un termine carino per definire una gara con i simpatici giocattoli, ma una vera e propria macchina della morte in cui devi correre avanti e indietro sempre più velocemente stando sotto un determinato tempo, altrimenti non puoi arbitrare.

Superati grazie a un segnatempo a cui stavo particolarmente simpatico, dopo qualche mese arrivò il momento dell'esordio.

Ero a letto e il cellulare suonò due volte.

Dopo aver saltato agilmente lo spam arrivai finalmente alla mail: «Caro associato sei stato designato per la seguente gara». Di seguito, tutte le informazioni su come raggiungere il campo, orario, soldi che arriveranno e cose che nel tempo diventarono appuntamenti fissi di ogni weekend.

Dieci giorni più tardi mi presentai al campo designato un'ora prima dell'inizio della gara insieme al tutor che mi era stato assegnato con il compito di aiutarmi negli aspetti burocratici. Sguardi malfidenti dei giocatori, stretta di mano poco convinta con i dirigenti e via verso uno spogliatoio che definire sordido sarebbe un eufemismo. Divisa nera da becchino indossata, segno della croce, controllo del campo e delle distinte.

Ragazzini con orecchini e tatuaggi che rispondevano di malavoglia, carte d'identità strappate e bestemmie mentre davo le indicazioni non mi fecero presagire nulla di buono.

Quando uscii e sentii la prima goccia di pioggia, capii che quel derby di giovanissimi che mi era stato assegnato all'esordio più che di buon auspicio per la mia carriera sarebbe potuto essere la mia tomba.

Fischio d'inizio, una specie di suono imbarazzato uscì dal mio fischietto insieme a saliva e malattie varie.

Si comincia.

La squadra di casa era molto più forte degli ospiti e stava conducendo per 3 a 0, quando al trentesimo del primo tempo fischiai un fallo e il 6 locale tirò una bestemmia.

Eravamo in Veneto e, anche se consapevole degli usi e costumi dei giovani di quelle parti, il regolamento parlava chiaro: espulsione.

Era il mio momento, ero preparato: tirai fuori dal taschino i cartellini che nell'agitazione mi caddero a terra. Avevo addosso gli occhi di tutti.

Ricacciai in tasca il giallo e sventolai quello rosso sul naso del colpevole, indicandogli la via dello spogliatoio.

Una sensazione di onnipotenza mi pervase, ma durò soli dieci secondi perché mi trovai attorniato da una decina di giocatori tutt'altro che amichevoli.

Nelle orecchie il dolce stil novo del Nordest italiano, ragazzini che sputavano il loro disprezzo verso la categoria arbitrale, genitori che mi invitavano ad andare «*In mona de to mare*», qualche spintone.

Iniziò a girarmi la testa, credevo di finire appeso nello spogliatoio per poi venire imbalsamato... Per fortuna intervenne il mio tutor, e riuscì a calmare la situazione permettendomi di concludere la gara nonostante il tentato omicidio di undici assatanati che bestemmiavano a più non posso sfidandomi a espellerli tutti.

Quel giorno rischiò di essere la mia tomba calcistica, ma non solo.

Trovai il coraggio di andare avanti, anche se il mio obiettivo cambiò da «Diventare il nuovo Collina» a sopravvivere a ogni partita.

Da quel sabato ho arbitrato tante gare, alcune difficili altre molto più semplici, ma tutte ugualmente importanti.

Sono salito di qualche categoria, anche se non ho mai superato la seconda, tra insulti vari a me e a mia mamma, mio padre, il mio cane, la mia ragazza, un motorino trasformato in opera d'arte grazie alla scritta figlio di puttana fatta con le chiavi, uno scooter rotto e rimborsi che arrivano dopo tre mesi.

Ma se avessi voluto qualcosa di facile, avrei fatto il panchinaro in terza categoria.

Cosa significa essere un terzino

I difensori sono attaccanti che non sono bravi a giocare a calcio.

Zlatan Ibrahimović

Ci sono ragazzi che sembrano nati per giocare a calcio: piedi fatati, maestria nel toccare un pallone, intelligenza tattica… e poi ci siamo noi, i terzini, gli umili gregari della squadra che non devono far altro che correre, correre, correre.

Potrebbe essere descritta così la mia vita calcistica: assistere gli elementi di spicco, macinare chilometri avanti e indietro per loro, ma rimanere sempre in secondo piano.

Chi non è abituato a segnare lo sa.

Ma a tutti capita l'occasione della vita, l'occasione per cambiare le sorti personali e della squadra, per non essere più visto solo come quello che corre su e giù per il campo.

È successo anche a me.

Non era la solita domenica, non mi attendeva la solita routine, non mi aspettava il solito infausto compito: era la mattina dello scontro al vertice, la partita delle partite, il match contro gli acerrimi rivali.

Quella mattina tutto poteva cambiare.

Arrivai al campo, e in breve tempo mi ritrovai nello spogliatoio con il mister che annunciava la formazione e che dava le ultime direttive.

Lui, il classico allenatore di provincia: basso, calvo e con la pancia, quelle partite non le poteva perdere, non le poteva nemmeno pareggiare.

Si aspettava la vittoria, e per dare seguito a queste sue parole si mise in testa anche un temibile cappellino portafortuna, regalo del meccanico del paese.

L'arbitro diede il via e la tensione era palpabile: c'erano ben quaranta persone ad assistere, tra cui mio nonno che non si perdeva una trasferta anche se sua moglie era in ospedale.

Tra le urla dei due allenatori, le scivolate ad altezza gengive, i palloni fatti asciugare e gli schiaffi a gioco fermo, la partita si era assestata su un buon livello tecnico, e in breve eravamo in vantaggio con un gol della nostra punta.

Tempo due minuti e subimmo il pareggio. Segnò il mio uomo. L'ho sempre sofferto lo schema col trenino da calcio d'angolo.

Che poi nessuno si mette mai nei panni del terzino, nessuno nota mai quanti chilometri macina senza palla, nessuno si accorge mai di quella perfetta diagonale che sventa le occasioni degli avversari.

Poi, su un corner quando è stanco morto, il suo uomo segna e tutti lo offendono.

Mai una gioia.

Comunque, arrivammo all'intervallo in parità.

Il mister ci credeva e per ricordarmelo mi urlò all'orecchio che se fosse successa di nuovo una cosa del genere potevo dimenticarmi le partitelle di fine allenamento per quattro anni.

Iniziò il secondo tempo e come per magia tornammo subito in vantaggio, un altro bolide del nostro attaccante che non lasciò scampo.

«Stavolta ci siamo, stavolta non molliamo, non concediamo un cazzo.»

I minuti passavano, le gambe si indurivano, la giugulare del mister era sul punto di esplodere… ormai il primo posto in classifica lo sentivamo nostro per davvero.

Mancava poco per l'avverarsi del sogno. Poi, il fattaccio.

L'altro nostro terzino concesse due metri d'oro per la loro ala e si fece infilare. Diagonale preciso. Gol.

Ebbi un moto di solidarietà nei confronti del mio collega e mi incazzai per le sorti del match, ma in fondo in fondo non ho potuto non pensare a una cosa come: Allora mica tutte a me, cazzo.

Tempo di rimettere la palla al centro che l'arbitro segnalò il recupero: due minuti. Si poteva ancora fare.

Il problema era che quelli carichi erano loro, quindi quelli costretti in difesa eravamo noi.

Ma era anche un bene: ci sarebbero stati più spazi per il contropiede.

E fu proprio quello che successe.

Su una respinta della difesa mi riappropriai della palla e cominciai a galoppare verso la porta.

Un avversario mi inseguiva ma lo seminai, uno mi puntò ma lo superai con un'improbabile finta di corpo, gli ultimi due baluardi della loro difesa li annullai grazie a uno-due con la mia punta.

Ero solo. Solo davanti al portiere. Non c'era fuorigioco, non c'era irregolarità, non c'erano avversari.

Solo io contro il portiere.

L'ultimo minuto, la grande occasione.

Sarebbe stato facile stopparla per bene e piazzarla,

ma era il momento più importante della mia vita calcistica e non potevo sprecarlo con un colpo banale.

Dovevo fare le cose per bene, e il portiere che usciva per chiudermi lo specchio mi suggerì un'idea folle: il cucchiaio.

Nella mente Totti che infinocchiava il portiere olandese, la gloriosa semifinale di Euro 2000 che perdemmo poi in finale contro la Francia.

Tentai la mossa di Francesco e mi sentii davvero un figo, uno di loro.

Dopo anni di corsa su quella fascia, diagonali mai apprezzate abbastanza e polmoni sputati per tornare dopo un cross, finalmente potevo dimostrare a tutti che esistevo anch'io, che quel campionato era passato soprattutto dai miei piedi.

Volevo dimostrarlo anche a mio nonno in tribuna, che si era alzato da quando era iniziata la mia galoppata.

Già mi vedevo sotto la gradinata a urlare la mia gioia con attorno i miei compagni di una vita a esultare e congratularsi, a festeggiare il trionfo dopo mille sofferenze.

Calciai, la presi malissimo.

La palla s'impennò, credo sia finita fuori dallo stadio, probabilmente ha rotto qualche finestra lì attorno.

Triplice fischio, il mister cominciò a rincorrermi.

Stinchi di santo

Gli italiani perdono le partite di calcio come se fossero guerre e perdono le guerre come se fossero partite di calcio.

Winston Churchill

CINQUE anni fa sono venuto a vivere in Scozia.

Disperso nel limbo che precede l'età adulta, avevo bisogno di uno spostamento.

Come è facile immaginare, qui il meteo regala meno soddisfazioni di Balotelli al fantacalcio, e le giornate da trascorrere all'aperto si contano sulle dita di una mano. Insomma, disperdersi fra le spiagge e le piazze può rimanere un sogno.

Per passare il tempo, un amico mi invitò a giocare in una squadra che militava in un campionato dilettanti. Ci misi poco ad ambientarmi: meno di quarantacinque minuti.

Era un'amichevole estiva e capii subito le poche differenze che passano tra un campionato di provincia del Sud Italia e uno nel Nord Europa.

Innanzitutto i campi sono in erba, non certo Wimbledon ma comunque accettabili, le strutture non sembrano uscite dalla fabbrica di cemento fuori città e la palla viaggia di più.

Anche qui le scivolate e i contrasti duri non si fanno desiderare, anzi.

I parastinchi diventavano parte integrante della propria corazza, e mettere qualche chilo in più poteva tornare utile.

Di contro, le marcature non sono asfissianti e la palla non viene giocata quasi mai sui piedi. Gli spazi si dilatano ed è possibile giocare d'astuzia.

Le bestie, o meglio il pubblico, è molto simile nonostante le culture siano diametralmente opposte. Le persone gridano, ti minacciano, ti incitano come se si stessero giocando la casa, e le bestemmie rimangono, solo in un'altra lingua. Lì ci ho messo un po' di più, ma ho imparato abbastanza in fretta.

Ho giocato per quasi tre stagioni con quella squadra, al primo anno fummo promossi nella divisione superiore per poi rimanerci altri due vincendo poche partite.

Alla fine del terzo campionato non trovammo sponsor, e molti ragazzi iniziarono a non presentarsi regolarmente. Era andata.

Nel corso dell'estate seguente non ci misi molto a trovare una nuova compagine. Riuscii a inserirmi in breve tempo. Il nome era tutto un programma: Boca Seniors.

Giochiamo nel distretto di Edimburgo, dove il livello non è altissimo ma ci sono quelle quattro o cinque squadre di cui è bene non fidarsi.

La sostanza è sempre la stessa: giocatori improvvisati, atleti part-time, sprinter del fine settimana, portieri coreografici per quei fotografi a bordo campo che non ci sono e mai ci saranno. E poi ancora calzettoni fino alle ginocchia, tacchetti che affondano nel terreno e che cercano di intromettersi fra te e la sfera, il vento che cambia traiettoria al pallone e l'istinto che mai ti abbandona, anche quando hai superato il primo e il secondo avversario. Mai abbassare la guardia, il tackle è in agguato.

Qui nessuno risparmia niente a nessuno, qui chiunque è predatore e preda.

Nessuno è uno stinco di santo.

Capire perché il calcio è lo sport più seguito e forse anche più praticato è compito arduo e vano. Io conosco le ragioni per cui è il mio sport, quello che ho praticato di più. Benché avessi capito fin dai quattordici anni, come molti del resto, che non ci sarebbe stato futuro, ho continuato, perseverato, e intorno ai venti ho abbandonato le velleità. C'erano cose più importanti, inutile fare una lista. Con il passare del tempo e con la scoperta che lo sport è prima di tutto passione e concentrazione, nonché disciplina che mette i giusti tasselli e limiti al nostro sentirci in declino o, al contrario, ciò che alimenta il nostro spirito che sovrasta la carne, sono tornato a giocare.

Altra vita, altre latitudini, campionati di cui non si sentirà mai parlare. Ma che gioia...

Mi interessano solo il rettangolo di gioco e gli allenamenti.

La partita e gli scontri, i gol, le azioni che nessuno vedrà mai a parte i ventidue in campo, gli allenatori, qualche panchinaro.

Le tattiche primordiali, le formazioni decise su di un foglio umido di borsone.

Nomi di gente normale, esistenze diverse e variegate fuori dal campo.

Giovani che scappano dall'università, dal lavoro, dalle mogli, dalle ragazze, dalle sbornie, per quella manciata di ore la domenica pomeriggio. Annoiati, distrutti, poveri o abbienti. C'è chi prende l'auto, chi l'autobus, chi il treno, chi viene accompagnato dal padre che ancora ci crede e preferisce vedere il figlio sfasciarsi le gambe che starsene sul divano a gustarsi la Premier League, la serie A, la Bundesliga.

Io sono stato fortunato, il capitano passa a prendermi tutte le domeniche alle 11. Mi sveglio un'oretta prima, provo a sbarazzarmi della stanchezza e della sbornia con due caffè, qualcosa da mangiare e una doccia calda. Ci si incontra con il resto della squadra nei parcheggi ricavati fra i tentacoli dei quartieri residenziali o nei sobborghi, o in paesini dispersi fra le colline verdi e umide. Quando va bene sono i campi dell'università o di qualche scuola privata. Niente male ma neanche bene. Appena ci siamo tutti, si va negli spogliatoi e lì inizia la partita, si sa. Si parte dagli scherni e dai fatti del sabato sera, qualcuno ascolta, qualcuno se ne frega, qualcuno è in bagno, ma la sostanza è sempre quella. Appena la formazione è fatta, si sistemano i parastinchi, si fissano i punti vuoti nei muri e si va fuori. Riscaldamento e facce tirate. Novanta minuti non sono poca roba, anche in questa categoria bassa e blasfema, rovente come un girone infernale dove nessuno ci segue e nessuno ripete i nostri nomi.

I professionisti direbbero che siamo l'anticalcio, noi non ce lo chiediamo neanche, per noi è importante essere lì. E giocare, schivare, ricordarci che le gambe ancora marciano e i vizi non ci hanno preso del tutto.

E che i colori e il nome che vestiamo sono l'essenza dei riti tribali e primitivi che non conosciamo più. *11 vs 11.*

A ognuno il proprio ruolo, le proprie competenze e lacune per l'obiettivo comune. I piedi buoni e i piedi ignoranti. I tipi fissati con la forma fisica e coloro a cui interessa soltanto bruciare. Gli arbitri aggressivi e gli arbitri timidi. Quelli competenti e quelli a cui fa comodo avere una banconota da cinquanta in più per due ore di lavoro. A fine partita non ricordo mai tutto, ma la sensazione del sangue che torna a scorrere a un ritmo normale mi soddisfa.

Il lunedì mattina ripenso e rimugino sulle cose buone e sugli errori, sul risultato e sulla nostra posizione in classifica. Le gambe e la schiena fanno male, e i graffi e i lividi ne sono testimoni. Poi ritorna la vita, quella che ci è stata assegnata, e il calcio torna a essere un'occupazione marginale. Fino al prossimo allenamento. Fino alla prossima domenica.

Il calcio mi ha salvato la vita

Ho sempre vissuto solo per il calcio e, quando ho smesso, mi alzavo la mattina e mi chiedevo: E ora cosa diavolo faccio?

PAUL GASCOIGNE

Come calciatore ero una mezza pippa, ma già da giovanissimo decisi di provare la «carriera» da allenatore.

A trent'anni, con due stagioni da vice e due da allenatore di giovanissimi, mi proposero di allenare gli Allievi del mio paese.

Categoria ignorante per definizione, in quanto più che Allievi di calcio sono proprio Allievi dell'ignoranza.

Ritardi agli allenamenti, schiamazzi negli spogliatoi che manco nel peggior bordello sudamericano, palloni persi, scherzi infami, bestemmie, liti e tutto lo schifo che potete immaginare accada in uno spogliatoio di provincia.

Ma questa non è una storia banale, a me quei ragazzi hanno dato molto più di quello che undici scappati di casa che cercano di buttare la palla in rete regalano solitamente.

Eravamo a metà campionato, girone di ritorno e, oltre ad allenare, lavoravo e studiavo per prendere il diploma che a suo tempo non presi.

Ovviamente lo stress si accumulava e, anche a causa di altro, iniziarono i primi attacchi d'ansia.

Come detto, però, a metà campionato successe il peggio: una mattina prima della partita mi svegliò un attacco di panico, uno di quelli che ti blocca e non ti lascia nemmeno respirare.

Non sapevo cosa fare, avevo paura di uscire di casa, anzi di alzarmi dal letto.

Come cazzo faccio? pensai. Va beh, devo andare in qualche modo, non posso non presentarmi.

Così mi diressi alla partita e lì le solite cose, la formazione, la distinta, le maglie.

Ma ero un cadavere, non feci nemmeno un discorso motivazionale ai ragazzi, stavo da cani.

Mi sedetti come un vegetale sulla mia panchina e guardavo l'inesorabile scorrere dei minuti sul cronometro.

Mi tremavano le gambe, sudavo, mi sentivo soffocare, pensavo di svenire da un momento all'altro.

Al termine del primo tempo eravamo sotto 0 a 1 e io ero sempre un'ameba, non riuscivo a reagire, strigliai qualche ragazzo con poca convinzione quando normalmente avrei buttato giù nell'ordine santi, Olimpo e tutta Asgard.

Ma quel giorno non era così; con il corpo e la mente devastati tornai a stravaccarmi in panchina per il secondo tempo.

Stavamo giocando da cani e uno dei ragazzi più tecnici e talentuosi faceva proprio pena. Così, mosso da non so cosa, recuperai le ultime forze e lo sostituii mettendo uno che come piedi aveva due banane, correva tanto, ma aveva la tecnica di Abate al quarto shot.

Il mio capitano gridò: «Mister che cazzo fai?»

A quel punto l'ignoranza riaffiorò, e con un briciolo di orgoglio gli urlai di chiudere quella cazzo di bocca e di pensare a giocare.

Passarono cinque minuti e gli dei del calcio decisero di sedersi con me in panchina. C'erano tutti: da Sivori a Charles, da Best a Garrincha.

Il mio terzinaccio inventato ala sfornò un cross, se così si può chiamare una mozzarella che arrivò per miracolo in mezzo all'area senza che nessuno la intercettasse.

Cross: incocciata di testa e 1 a 1.

Ma il bello venne dopo, passarono altri quindici minuti, punizione dal limite.

Andò a calciare un altro dei più bravi, un piccolo Messi dei campi in terra battuta.

Tiro sotto la barriera. Gol 2 a 1.

Qui successe il miracolo: corse da me con dietro tutta la squadra, mi saltarono addosso e mi abbracciò, e io iniziai a piangere mentre tutti erano in cerchio ad abbracciarmi e ad aspettare che le mie lacrime finissero di scendere.

Sono quelle cose che razionalmente sono difficili da capire, ma in quell'abbraccio e in quell'esultanza ci fu qualcosa di magico, fu come se i ragazzi mi avessero letto nel pensiero e avessero voluto dimostrarmi la loro vicinanza, il loro affetto, farmi sapere che erano più di semplici scappati di casa.

Che eravamo una famiglia, di quelle che litigano e si tirano i piatti ma che non possono non stare assieme.

Finì 3 a 1 per noi, non vincemmo quel campionato, non vincemmo mai un campionato manco per sbaglio, ma in quella partita capii che potevo combattere contro l'ansia, gli attacchi di panico e la depressione.

Lottai e vinsi la partita più importante, quella con la vita.

Tutto grazie a venti grandissimi ragazzi che in quell'anno riempirono la mia vita di gioia, insieme a lui, al gioco più bello del mondo.

A chi non si è mai arreso

Ci sono alcuni paesi e villaggi del Brasile che non hanno una chiesa, ma non ne esiste neanche uno senza un campo di calcio.

EDUARDO GALEANO

20 OTTOBRE 2012. Sono passati tre anni, dieci mesi e undici giorni dalla mia ultima partita.

Due giorni dopo cominciò il mio inferno.

Mi diagnosticarono un linfoma non-Hodgkin al mediastino, un tumore del sistema immunitario. Avevo quindici anni.

Iniziò il periodo più brutto della mia vita tra operazioni, chemioterapia, pasticche, prelievi, flebo, punture, esami, ricaduta, radioterapia, trapianto.

Ma soprattutto tra la quotidiana convivenza con la paura di morire, le delusioni di una vita ingiusta e l'insensibilità di chi non sa, o sa e ti fa sentire ancora più diverso di quello che sei.

Quello che ho visto e provato sarebbe inutile dirlo, perché la maggior parte delle persone non capirebbe, e da una parte è un bene. Ho perso tutto. Obiettivi, motivazioni, passioni. In poco tempo mi sono ritrovato a sentirmi solo, lontano da tutto ciò che era «normale». Lontano dalle aspirazioni di un quindicenne qualunque. Non andavo a scuola, non potevo giocare a calcio, non potevo andare al mare, non potevo uscire da una stanza asettica che succhiava tutte le emozioni. Non esistevano più colori, profumi, sapori.

Accanto a me avevo «solo» i miei genitori, la mia sorellina, la famiglia, i medici, gli infermieri, chi stava come me o peggio, pochissimi amici e un computer grazie al quale riuscivo a intrattenere conversazioni con chi non aveva tempo di venire a bussare alla mia porta quelle poche volte che ero a casa per regalarmi un attimo di spensieratezza.

A volte, quando potevo, passavo giornate intere a scherzare con gli infermieri, a intrattenere i bambini più piccoli nel reparto, ad ascoltare i genitori di quei bambini e rassicurarli, a dar loro la forza di continuare a lottare per i figli come facevano i miei genitori. Io a loro.

Era una famiglia, una vera famiglia di sconosciuti situati nello stesso girone dell'inferno e dovevano trovare la strada per la luce. Insieme.

Alcuni ci riuscivano prima, altri dopo, altri mai.

Perché la vita è ingiusta e la malattia te la toglie, lentamente.

Poi la luce. Ero di nuovo «normale».

L'impatto con la «realtà delle persone normali» destabilizza dopo tutto quello.

Torni a scuola, esci il sabato, incontri tante persone come te.

Però ormai sai riconoscere la diversità di ognuno, non li giudichi più dall'apparenza, da quello che hanno, ma da quello che sono. Guardi dentro ogni persona e scopri ogni sofferenza, ogni mancanza, ogni paura. Ma loro no, almeno la maggior parte.

Sai cosa vuol dire lottare per un attimo di felicità, ma vedi che intorno a te c'è chi si lamenta di non essere felice perché non ha qualcosa o qualcuno che vorrebbe avere. Vedi l'invidia, l'egoismo, l'indifferenza.

Tutto nasce dentro di noi. Non capisco perché l'uomo abbia bisogno di soffrire per tirare fuori il coraggio di vivere davvero.

Quel giorno tornavo su un campo di calcio, quello del Tor De' Cenci, società nella quale giocai per un anno, l'anno più bello nel quale da ragazzino trovai delle persone fantastiche: compagni, allenatore, dirigenti.

Uno adesso non c'è più, ed è una di quelle persone che ti fa pronunciare la famosa frase che se ne vanno sempre i migliori.

Non era un bel campo, c'era terra e polvere.

Il palcoscenico non è quello a cui ambivo quando avevo delle prospettive e dei sogni.

Le tribune non erano piene di persone, ma finalmente c'era un pallone in mezzo a tanti ragazzi normali come me.

Il primo mi arrivò subito insieme all'avversario che voleva rubarmelo. Finta di corpo verso sinistra, controllo con l'esterno destro, tunnel, tocco con l'interno dello stesso piede, altri due in mezzo ad altrettanti avversari, mi involai sulla fascia sinistra, uno-due con la punta che la alzò sopra ai due centrali di difesa, li scavalcai in corsa, cercai il pallonetto con la punta per anticipare il rientro di uno di loro ma mandai il pallone a lato. Avevo il fiatone, mi sentivo già stanco.

Ma ci furono gli applausi e la sensazione di essere, fisicamente, quasi quello di un tempo.

Continuavo a cercare la porta, a chiamare i compagni che avevano fiducia in me nonostante fossi a pezzi, e poi la palla che aspettavo arrivò.

Il mio compagno scese sulla fascia destra dopo aver duettato con un altro, alzò la testa, mi vide dall'altra parte e crossò teso e basso.

Avevo le ali sotto ai piedi e mi gettai in scivolata sul pallone fregandomene della terra e dei sassi che strusciavano sotto le mie gambe e facevano male. Toccai il pallone con la punta dello scarpino che mi aveva regalato uno dei miei migliori amici e lo indirizzai nella rete.

Gol.

Urla. Abbracci. Lacrime. Ce l'avevo fatta, il gol più importante della mia vita.

L'attimo di felicità e soddisfazione migliore che abbia mai provato.

Corsi sotto la tribuna, dove c'erano tutti quelli che avevano sempre creduto in me, che c'erano nel buio e adesso erano illuminati dallo splendore dei loro sorrisi.

Mandai loro il bacio più bello della mia vita dedicato a chi non si era mai arreso, a chi mi aveva sostenuto, a chi aveva lottato per quell'attimo nel giorno della mia vittoria nella vita.

Don Paolo

Io penso e parlo in calabrese, è più veloce, è più comodo. Quando devo imprecare lo faccio in calabrese. Chissà quanti morti che t'è muort, morti 'e mammete o vai a fare in du culu ho tirato durante la mia carriera.

Gennaro Gattuso

Vivo in una regione strana, sulla quale si dicono tante cose: alcune vere, quasi tutte le altre dettate dai pregiudizi. Questa regione è maestosa, accogliente, preziosa, e forse il problema è proprio questo: tutti vogliono mettere le mani sulle cose belle. Così, da troppi anni a questa parte, delinquenti di ogni tipo si sono impadroniti di zone sempre più grandi, ammazzandosi l'un l'altro per allargare il loro raggio d'azione. In ostaggio di questa gentaglia ci sono tutti i cittadini onesti che in quei luoghi ci vivono, nati nel degrado morale, cresciuti nella paura di vedere, parlare o sentire troppo. Ancor peggio se il tuo paese è tristemente noto per essere uno dei più marci, corrotti e violenti del Meridione.

Nella lotta a questo male incurabile pochi eroi hanno il coraggio di metterci la faccia.

Ma a volte ne basta uno per farti credere di aver trovato la cura.

Era cresciuto in acque ben meno agitate, a Udine, dove la vita scorre più tranquilla e certe cose si vedono solo alla televisione. Aveva scelto di diventare prete per vocazione, anche se per la Chiesa era un personaggio da confinare in qualche paesino dove non avrebbe potuto far rumore: troppo spregiudicato, rivoluzionario, un ribelle per quell'ambiente. Anni prima aveva provato a riunire un gruppo di preti per farsi ricevere dal Papa e convincerlo a rivedere le sue posizioni sull'utilizzo del preservativo. Non ce la fece per un pelo, solo perché uno dei preti che avevano aderito all'iniziativa riportò tutto ai piani superiori, facendolo allontanare definitivamente da qualsiasi idea di carriera. In paese sapevamo solo questo del suo passato, oltre al fatto che aveva un tatuaggio di una ragazza seminuda, fin troppo esplicito per stare sulla spalla di un uomo di quel tipo. Ma quel signore appena quarantenne con la carnagione pallida e la barba incolta, mandato nel nostro paesino per evitare che diventasse troppo pericoloso, aveva voglia di cambiarlo davvero, il mondo. Me ne accorsi velocemente, un gesto dopo l'altro.

Al suo primo discorso ufficiale, in un'afosa domenica di inizio luglio di fronte a oltre quattrocento persone ansiose di conoscerne le intenzioni, attaccò senza nemmeno presentarsi. Attaccò nel vero senso della parola, perché le sue prime frasi furono un agguato frontale ai boss della zona: «Non so come funzionassero le cose qui fino a ieri, ma da oggi voi mafiosi non siete più i benvenuti nella casa del Signore».

La chiesa intera ammutolì, nella convinzione che quell'uomo l'avesse sparata troppo grossa per rivedere la luce del giorno dopo. Non so quanta incoscienza o quanta ingenuità ci fossero in quel discorso, ma per la prima volta ebbi la sensazione che qualcuno fosse realmente dalla nostra parte, dalla parte degli onesti.

«E dato che molti sono seduti qui tra noi, consiglio loro di tornare a casa e riferire queste parole ai rispettivi padri e padrini: non c'è più posto per voi.»

Al termine di un silenzio fragoroso durato almeno trenta secondi, buona parte delle persone sedute in prima fila si alzò lasciando la chiesa. Tra loro non c'erano solo i delinquenti ma anche tutti quelli che non volevano finire in brutti guai per colpa di quelle parole. Rimanemmo sì e no in cinquanta. Una volta usciti, qualcuno dal fondo si alzò accennando un timido applauso, che in pochi attimi coinvolse tutte le persone rimaste: erano le mani di chi aveva visto uno spiraglio di luce. Non fece in tempo a calare il sole che in paese tutti, ma proprio tutti, conobbero don Paolo.

* * *

All'epoca io avevo diciassette anni e incominciavo a capire quello che succedeva intorno a me. Tanti miei amici iniziavano a frequentare persone molto più grandi e poco raccomandabili, lasciando gli studi. Alle interminabili partitelle improvvisate in giro per il paese eravamo sempre meno, e a volte non si riusciva nemmeno più a trovare un pallone decente per giocare. I giornali locali si riempivano dei nomi di quelli che fino a qualche anno prima erano ragazzi allegri, spensierati, ingenui. La mia generazione si stava facendo risucchiare dai soldi facili e dal fascino della delinquenza. Don Paolo lo capì subito. Il suo progetto era di andare a riprendersi attraverso il pallone tutti quei ragazzi finiti in brutti giri. Fondò lui stesso la prima squadra di calcio del paese, con un ruolo tra presidente, dirigente e allenatore. Inizialmente ad aiutarlo c'era solo la signora Sofia, un'avvenente cinquantenne malvista da tutto il paese primo perché bella, secondo perché zitella e quindi tentazione per i mariti. Ma faceva dei biscotti da paura.

In pochi mesi don Paolo riuscì a tirare su una banda di scappati di casa tra i sedici e i diciotto anni, abbastanza numerosa da poter affrontare un paio di partite. Una squadra senza pretese – anche perché persino uno come me con due termosifoni al posto delle gambe giocava titolare – ma pur sempre una squadra. Non era stato facile metterla insieme, perché il requisito fondamentale per farne parte era lasciare il mondo della criminalità. Per sempre.

Dopo due settimane, senza dirci nulla, don Paolo organizzò un'amichevole, e quando nello spogliatoio container ci disse il nome del nostro primo, storico, avversario pensavamo scherzasse: noi, che fino a quel momento al massimo avevamo giocato per strada, stavamo per essere dati in pasto a una delle squadre più forti della provincia. Lui però sembrava molto tranquillo, quasi non sapesse che tra i dilettanti quella società era in assoluto la più titolata a livello giovanile. Si diceva persino che in un torneo in Spagna i nostri coetanei avessero pareggiato con il Real Madrid.

Avevamo ricavato un campo regolamentare da un vecchio terreno donato da un agricoltore alla Chiesa: terra battuta e sassi sparsi come mine, ma per noi che non avevamo mai giocato su un vero rettangolo verde sembrava il Bernabéu. Ci allenammo praticamente tutti i giorni della settimana, e don Paolo, svestito il saio e indossato un antiestetico tutone viola fluorescente, diventava il nostro sacro mister, passando parecchie ore sugli schemi di gioco, sulla tattica e su qualche trucchetto per noi difensori per far finire in fuorigioco gli attaccanti avversari. Cavolo, di calcio ne sapeva veramente, e poi alla fine c'erano sempre i biscotti di Sofia.

Arrivò il giorno della partita. Mentre percorrevo la salita che portava al campo, con il mio borsone sgangherato in spalla, sentivo la tensione salire. Quando vidi che attorno al campo c'era metà del paese a vedere la partita, inclusi i miei genitori, inclusa la ragazza di cui ero innamorato a sua insaputa, inclusi quei miei coetanei che avevano scelto la strada più facile, ebbi la tentazione di tornare indietro e scappare, ma avrei fatto troppo male a don Paolo. Erano tutti lì per vedere la bestia che sbrana la sua preda, per vederci colare a picco e trattarci come pagliacci al circo.

Arrivai in spogliatoio e nessuno aveva il coraggio di parlare, come dei prigionieri prossimi all'esecuzione. Entrammo in campo per il riscaldamento a testa bassa, quasi non volessimo vedere le oltre duecento persone accorse per il primo (e forse ultimo) atto della squadra del paese. Girando la testa potevamo osservare i nostri avversari: sembravano alti il doppio di noi, muscolosi il doppio di noi, bravi il doppio di noi. Cioè, non è che lo sembrassero: lo erano. A metà esercizi arrivò don Paolo e interruppe tutto.

«Venite qui, parliamo un attimo.»

Ci riunimmo di fronte a lui, nella speranza che ci dicesse che era tutto uno scherzo, che potevamo mollare e tornare a casa.

«Quanti di voi hanno paura?»

Alzammo tutti la mano.

«Bene, anch'io ne ho. Sono arrivato in questo paese da pochi mesi e già mi vorrebbero ammazzare, e state tranquilli che la Chiesa non piangerebbe la mia morte. Però sapete una cosa?»

Lo seguivamo, rapiti dalle sue parole.

«Non me ne frega un cazzo. Non sono diventato prete per stare simpatico alla gente, l'ho fatto per aiutare la gente. Io oggi non vi chiedo di vincere, non vi chiedo nemmeno di pareggiare. Io oggi vi chiedo di sputare sulla paura. Su ogni pallone, su ogni loro azione, se lotterete con tutte le vostre forze, come leoni, chi ci guarda da fuori capirà che ognuno di noi ha una speranza, che questo paese ha una speranza. Qualunque sarà il risultato, voi oggi giocate per il vostro futuro e per quello delle vostre famiglie.»

Con poche parole, ma dette col cuore, aveva trasformato diciotto tapiri in diciotto leoni. Scendemmo in campo come degli assatanati, ringhiando su ogni singolo pallone come se fosse l'ultimo secondo di una finale di Coppa del Mondo. Passano i primi dieci minuti e ancora non avevamo preso gol, poi i minuti diventano quindici, venti, venticinque. Ci facevano girare per il campo in lungo e in largo, ma in area non riuscivano a entrare. La voce del loro allenatore iniziava a farsi sempre più nervosa mentre il pubblico, scettico, non si scomponeva più di tanto. Dopo una buona mezz'ora di gioco riuscimmo a superare la metà campo: il nostro portiere, rilanciando, raggiunse il nostro attaccante che, nonostante i 15 centimetri di differenza in altezza, anticipò il loro ultimo uomo; la palla, finita con qualche rimbalzo nella terra di nessuno alle spalle della difesa avversaria, fu raccolta da Ciro, da sempre il mio vicino di casa, che si involò da solo verso la porta. Uno contro uno col portiere, non ci stavamo credendo né noi, né il pubblico sugli spalti, né i nostri avversari; forse l'unico a crederci era proprio Ciro. Alza lo sguardo, vede l'angolo lasciato scoperto dal portiere in uscita, carica il tiro e… un urlo angosciante. Uno dei difensori, che l'aveva rincorso per 40 metri, gli aveva tranciato di netto da dietro la gamba d'appoggio, commettendo un fallo tremendo e costringendo Ciro a uscire dal campo su una barella improvvisata, in lacrime. L'arbitro, un mansueto sessantenne che aiutava don Paolo a raccogliere le offerte durante la messa, non se la sentì di tirare fuori il cartellino rosso. Il pubblico iniziò ad agitarsi e a inneggiare il nostro nome. La punizione si risolse in un tiraccio alto, ma continuammo a pressarli come dei mastini.

Il primo tempo si chiuse con mia madre che ormai urlava a perdifiato, e gli altri duecento nostri concittadini che non erano da meno. In spogliatoio don Paolo ci vide letteralmente esausti e pretese subito la nostra attenzione, poi ci disse: «Ciro è stato portato in ospedale, penso gli abbiano rotto una caviglia».

D'istinto, lanciai la mia bottiglietta d'acqua per terra e un po' tutti rivolsero parole non bellissime nei confronti dell'autore del fallo, ma il nostro allenatore richiamò tutti all'ordine battendo la mano sul tavolino, e di nuovo ci fu il silenzio più assoluto.

«State andando bene, ragazzi miei. Alla vostra prima partita avete tenuto testa per quarantacinque minuti alla squadra più forte della provincia, e tutto il paese tifa per voi. Ora entrate in campo con la stessa grinta, quando andremo a trovare Ciro gli racconteremo di un grande secondo tempo.»

Rientrammo sempre con entusiasmo, ma le gambe ormai stavano per cedere. Dopo dieci minuti subimmo il primo gol, e poco dopo il secondo. Ne seguirono altri due, e al fischio finale ci gettammo tutti a terra, distrutti. Ma furono proprio gli avversari a venire da noi, a uno a uno, a congratularsi, mentre il nostro pubblico e quello dell'altra squadra batteva le mani per noi. E poi non so se fossi in uno stato mentale alterato dalla fatica, ma mi sembrò persino di vedere quella ragazza, il mio grande amore, sorridermi da lontano.

Rientrando nello spogliatoio, sfiniti, ci abbracciammo tutti insieme senza dire nulla, come se le parole ce le fossimo dette in campo correndo e sudando l'uno per l'altro. Una volta in spogliatoio, a chiudere il gruppo entrò don Paolo. Tirò fuori una cartellina, da cui estrasse molto lentamente un foglio che rilesse ancora una volta prima di rivolgersi a noi.

«Ragazzi, guardate bene questo pezzo di carta. Quando ancora non arrivavamo a undici giocatori in rosa per affrontare una partita, io sapevo che dentro di voi c'era quello che avete dimostrato oggi. Sapevo che non avreste abbassato la testa, sapevo che avreste dimostrato a chi era lì fuori che non si può avere sempre paura nella vita. Ma oggi è solo il primo passo, ragazzi. Su questo foglio c'è la vostra iscrizione al prossimo campionato Juniores Provinciale.»

Lo spogliatoio intero esplose in urla di gioia e incredulità, da fuori ci avranno preso per pazzi sentendoci gridare così dopo uno 0 a 4.

Il giorno dopo, al campo d'allenamento si presentarono cinque nuovi ragazzi, la settimana dopo altri dieci. In sette mesi la squadra del nostro paese era diventata la società del nostro paese, con tre annate iscritte ai regolari campionati di categoria e una piccola scuola calcio. Ogni mese si presentava qualche ragazzo venuto da fuori e persino alcuni di quelli che avevano deciso di unirsi alla malavita, che, seppur con qualche sporadica ricaduta rimasero a lungo tra noi, lasciando poi definitivamente quel mondo.

Nel frattempo, però, le azioni di don Paolo avevano attirato parecchie ostilità. Oltre ad aver strappato alla malavita diversi ragazzi, fondamentali come mezzo di comunicazione e di controllo sul territorio, dal giorno del suo insediamento in parrocchia aveva deciso di non celebrare più i funerali degli elementi di spicco delle organizzazioni criminali. Un affronto che non passò inosservato e fu ricambiato con lettere minatorie, atti dimostrativi e un agguato sventato solo grazie a una serratura cambiata poche ore prima. I volontari della chiesa, in gran segreto, tentarono di ottenere per lui una scorta, che dato il suo animo ribelle avrebbe sicuramente rifiutato, ma tanto la richiesta fu rispedita al mittente.

Nel frattempo la squadra aveva disputato il suo primo campionato Juniores, terminando con una dignitosa posizione di metà classifica, perdendo una sola partita in casa (proprio contro la squadra che ci aveva battezzato). Il settore giovanile aveva preso forma con un centinaio di bambini e ragazzi che vestivano con orgoglio la maglietta del nostro paese, e i loro genitori entusiasti a tifare dalla fatiscente tribuna. Alle partite assisteva con grande partecipazione buona parte del paese, e noi ci sentivamo dei piccoli eroi.

Per l'ultima partita in casa, che segnò anche il ritorno da titolare di Ciro, decidemmo di organizzare una festa in onore di don Paolo, perché solo grazie a lui in poco più di un anno era successo tutto questo. Al termine della partita venne in mezzo al campo per farci i complimenti come al solito, ma io, che ero diventato il capitano, tirai fuori un microfono e mi avvicinai a lui. Ricordo bene quello che dissi: furono parole d'ammirazione più che di ringraziamento. Le scrissi insieme ai compagni e alle persone del paese, perché ormai anche quelli che, intimiditi dalle conseguenze, si erano alzati per uscire dalla chiesa durante il suo primo discorso, ora gli volevano bene. Scoppiò a piangere senza riuscire a smettere, cosa che non gli era mai successa. Continuò così tanto che pensammo di aver detto qualcosa di male, di averlo ferito. Mi chiese il microfono e, ancora singhiozzante, ringraziò tutti.

Ma come, tutto qui? pensai un po' egoisticamente; alla fine poteva anche dire due parole in più, timido non era mai stato. Mi passò subito, la sera uscimmo a bere e presi la mia prima sbronza, ma questa è un'altra storia.

* * *

Non più tardi di una settimana dopo, mia madre mi svegliò di colpo. Non dovevo andare a scuola né a messa, era sabato, ma lei insisteva. Mi fece vestire di corsa e mi caricò in macchina. Durante il tragitto non disse una parola di senso compiuto, era tutto un: «Come faremo senza di lui… è una tragedia… tutto ma questo no…»

La strada era quella per la chiesa, ci misi poco a fare due più due e capire di chi stava parlando e ad avere un pessimo presentimento. La paura di sapere cosa fosse successo mi fece piombare in un silenzio totale, purtroppo però nella mia testa la soluzione all'enigma era giunta forte e chiara. Una volta arrivati davanti alla chiesa non diedi a mia madre nemmeno il tempo di parcheggiare, scesi lasciando la portiera aperta e mi diressi verso l'entrata che era ostruita da una folla immensa; credo ci fosse veramente tutto il paese all'interno, in quel momento. Con il cuore che batteva a mille, mi infilai tra la gente sgusciando e sgomitando fino a raggiungere il palco dal quale don Paolo recitava messa ogni domenica, e attorno al quale si era riunito quel mezzo migliaio di persone. Chiesi a un conoscente cose fosse successo; senza rispondermi, lui mi indicò il leggio. Vidi un foglio appoggiato sopra e delle persone che, in fila indiana, a una a una, si fermavano a leggerlo con la testa china e le lacrime sul volto.

Non potevo aspettare in coda il mio turno. Io ero il capitano della sua squadra, io dovevo sapere. Subito. In quel momento. Superai una ventina di persone da gran cafone e mi avventai su quel pezzo di carta. La scrittura elegante, fine, in corsivo. La carta spessa e ingiallita, l'inchiostro nero intenso. La lessi tutta d'un fiato e mi bloccai, lo sguardo perso nel vuoto. In mezzo a tutta quella tristezza mi scappò un sorriso. Di quella lettera, oggi, ha una copia ogni cittadino del paese.

> La settimana scorsa molti di voi mi hanno visto piangere in mezzo al campo. Non l'avevo mai fatto di fronte a così tante persone.
>
> Nella fredda Udine non c'è poi molto da fare, e crescendo impari che la felicità te la devi cercare, costruire, e poi fare in modo che nessuno venga a buttartela giù.
>
> Io spero di avervi portato almeno un briciolo di questa felicità, perché un paese con così tanta gente onesta non può rinunciare alla felicità per qualche delinquente.
>
> Nonostante quello che state per leggere, e spero che un giorno mi perdonerete, sappiate che io ho messo a disposizione tutto me stesso per combat-

tere la criminalità di questo paese e ho rischiato di perdere la vita, ma mai per un attimo ho provato paura, perché ogni giorno passato nella paura è uno schiaffo in faccia a Dio che ci ha donato la vita per essere felici.

Questo ricordatevelo ogni volta che penserete sia meglio dire di non aver visto o sentito.

L'altro giorno piangevo come un disperato perché sapevo che sarebbe arrivato questo momento. Vi racconto una cosa sul mio passato: a diciannove anni conobbi una ragazza magnifica. Me ne innamorai e lei si innamorò di me. Passammo insieme l'anno più bello della nostra vita, conoscemmo i piaceri dei nostri corpi e ci giurammo amore eterno.

Purtroppo però la vita non va sempre come vorresti. Poche settimane dopo quella promessa, la sua famiglia decise di tornare in Russia, per sempre. Non la rividi mai più.

Promisi a me stesso che da quel momento non avrei mai più avuto una donna se non lei, ed entrai in seminario, non prima di tatuarmi il suo corpo perfetto su un braccio.

Passai gli anni migliori della mia vita pensando a una donna che non avrei mai rivisto né sentito, ma non cedetti a tentazione alcuna.

Una decina d'anni fa, però, seppi da alcuni suoi

conoscenti che quella ragazza, ormai diventata donna, era tornata in Italia. Feci una serie infinita di ricerche e quando la ritrovai mi sentii la persona più felice del mondo. Decisi che avrei fatto di tutto pur di rincontrarla, mollare tutto e farla mia per sempre.

Ebbene, ora posso dirlo: ce l'ho fatta, ho realizzato il sogno della mia vita.

Tra due mesi io e Sofia ci sposeremo.

Posso rinunciare alla mia stessa vita, ma non alla felicità.

Il matrimonio si terrà sulla spiaggia di Puerto Escondido, in Messico, e siete tutti invitati. I biscotti li porta lei, ovviamente.

La sera stessa corsi a casa della ragazza di cui ero sempre stato innamorato e, senza nemmeno salutarla, la baciai sulle labbra. Mi respinse, ma almeno mi tolsi la paura di provarci. Quella sera mi sentii felice.

Dream on

Il pallone è come una ragazza, prima le piace essere accarezzata e poi violentemente sbattuta!

ÉRIC CANTONA

Il mio nome è Andrea, ho trentadue anni e da grande voglio fare l'attaccante dell'Ajax.

Sì, lo so, sembra un sogno un po' presuntuoso e improbabile calcolando anche che non ho mai giocato una sola partita da professionista. Che ho trentadue anni, che dopo dieci minuti di corsa ho bisogno di venti minuti di pausa, che nove tiri su dieci finiscono fuori dallo specchio della porta.

Ma leggi la mia storia e poi dirai.

Come tutti i bambini della mia nazione anch'io da grande volevo fare il calciatore, esultare sotto la mia curva, uscire con delle belle ragazze, fare un sacco di soldi, firmare autografi, girare con macchine veloci ma soprattutto guadagnarmi da vivere facendo ciò che più amavo, giocare.

Ma alcuni sogni con il tempo svaniscono e si ridimensionano.

La vita prende pieghe diverse e si dimentica quello che realmente si vuole, ci sono le responsabilità e tutte quelle cose noiose che bisogna fare per andare avanti.

Lo studio, le alzatacce, i lavori per mantenersi all'università e tutto quello che sentiamo ogni giorno.

Ma ancora oggi, a trentadue anni, se qualcuno mi chiedesse qual è il mio sogno nella vita risponderei la stessa cosa di quando ne avevo undici: «Voglio diventare l'attaccante dell'Ajax».

Per tradizione famigliare, fin da piccolo sono stato cresciuto come juventino, ma essendo adolescente nei primi anni Novanta la mia squadra preferita in assoluto era l'Ajax di Van Gaal: quella di Rijkaard, Overmars, dei gemelli de Boer, ma soprattutto del mio idolo, il finlandese Jari Litmanen, che nella sua nazione chiamano ancora Kuningas, ovvero il Re.

Un trequartista venuto dal freddo con un taglio di capelli uscito direttamente da un film porno anni Settanta e un piede fatato che faceva sognare l'Amsterdam ArenA.

Avendo questa grande passione, e avendo fin da bambino frequentato la scuola calcio del piccolo paese nel quale sono cresciuto, ho sempre creduto alla possibilità di diventare un campione adorato in tutto il mondo, o per lo meno in una città, o quantomeno una rispettabile riserva.

Peccato però che a giocare a pallone non sia mai stato un genio: so usare solo il destro, ho l'intelligenza tattica di Felipe Melo al terzo gin tonic, non salto l'uomo neanche se gli inchiodano i piedi al campo e ho la tendenza a essere falloso.

Sì, ho una discreta velocità, ma il calcio non sono i 100 metri piani.

Iniziai a capire che forse il professionismo non era nel mio destino quando fui schierato più o meno per quindici volte di fila come panchinaro destro, quello che porta le borracce, quello che mettono in campo quando la partita va così male che è irrecuperabile, e allora si dà il contentino a tutti.

Quello che se gioca titolare vuol dire che in squadra c'è stata una mezza epidemia e che nessuno della primavera è disponibile: diciamo non proprio uno dei giocatori che avrebbe potuto far parte dell'Ajax dei miei sogni, ma nemmeno del Faenza.

* * *

Una delle poche glorie l'ho avuta durante una partita in un torneo studentesco quando avevo quindici anni: il ragazzo che avrebbe dovuto giocare dal primo minuto si era preso la mononucleosi limonando una lurida in discoteca, e l'altro titolare aveva 39 di febbre: ero l'unica prima punta disponibile e di conseguenza titolare.

Così, a malincuore, fui buttato nella mischia dal primo minuto.

Pronti via, i difensori avversari persero la mia marcatura su un calcio d'angolo, o forse non la impostarono nemmeno dopo aver visto il mio riscaldamento, e per una volta nella vita mi trovai nel posto giusto al momento giusto, così la buttai dentro da un metro.

Ma il vero capolavoro arrivò una ventina di minuti più tardi: feci un'incursione sulla destra, provai a buttare la palla in mezzo ma la presi malissimo, di esterno.

Morale della favola, la palla rimbalzò sull'altro piede e venne fuori una «trivela» che neanche il miglior Quaresma. La sfera baciò il palo e si insaccò in alto a destra, il portiere neanche si mosse.

Vincemmo quella partita 3 a 1; quando l'allenatore mi sostituì mi abbracciò, e gli altri ragazzi facevano la fila per farmi i complimenti.

Disputai un'ottima partita, credo la migliore della mia scalcagnata carriera, ma purtroppo quel giorno non c'era nessun osservatore dell'Ajax, nemmeno della squadra della provincia, a dire il vero non c'era manco mio padre a vedermi, che era andato a pesca con gli amici.

Dopo quella prestazione, per qualche giorno le cose cambiarono: camminavo a testa alta per la scuola, mi salutavano tutti con rispetto, mi offrivano la merenda, le ragazze mi guardavano come un eroe.

Mi ero ringalluzzito e avevo ricominciato a credere nei miei mezzi.

Per la partita successiva le aspettative erano altissime.

Mi fecero partire nuovamente dal primo minuto, la 9 sulle spalle, ma non mi ripetei a quei livelli: sbagliai una montagna di palloni, i compagni persero la fiducia in me e con lo scorrere del tempo smisero di passarmela. Nelle altre due partite in cui entrai dal primo minuto non l'avrei buttata dentro manco con le mani.

Poi passò la mononucleosi al titolare e io ripresi il posto che mi spettava, in panchina, a destra, a portare le borracce.

In breve, diedi l'addio definitivo ai miei sogni di gloria.

Il tempo passava e cominciai ad andare a giocare unicamente per gli amici, anche perché iniziai a prendere i vizi di ogni adolescente: bere, fumare, scoprire il sesso opposto e suonare il basso.

Pian piano lasciai i fangosi campi di provincia e disputai solo dei sordidi calcetti serali.

Più il tempo passava, più quello che mi concedevo erano maratone di serie A alla tv, i calcetti diventavano sempre più sporadici finché attaccai definitivamente gli scarpini al chiodo.

Ma le cose cambiano quando meno ce lo si aspetta.

L'anno scorso stavo facendo un road trip per l'Europa con una mia amica, Sheryl, una ragazza americana che avevo conosciuto a Barcellona qualche anno prima e con cui ogni tanto organizzavo un viaggio. Quella volta passammo da Amsterdam.

Un pomeriggio eravamo in un coffee shop vicino piazza Dam; ce ne stavamo lì insieme a bere, fumare e chiacchierare.

A un certo punto la tv del locale iniziò a passare un programma sportivo con gli highlights di Ajax-Twente giocata proprio quel pomeriggio.

Così, con le inibizioni abbassate e con gli occhi rossi, decisi di raccontare a Sheryl la mia storia calcistica, di quello che era stato il mio sogno da bambino, di Jari Litmanen e del fatto che non erediterò mai la sua maglia.

Pensavo si mettesse a ridere, invece rimase molto colpita.

La mattina dopo mi svegliai in camera da solo: tutto nella norma, lei se ne andava sempre a correre, fuori piovigginava e io, non sapendo cosa fare, mi misi ad aspettarla nel bar dell'albergo.

Tornò verso l'ora di pranzo, ma non era vestita sportiva.

Aveva una busta bianca, venne verso di me e con la sua voce un po' roca e il suo accento newyorchese un po' sofisticato mi disse: «*That's for you, Andrea*».

Aprii la busta e dentro c'era una maglia dell'Ajax con dietro stampato il mio cognome e il 16, il mio numero preferito; c'era anche un bigliettino che diceva: «Per quanto possa essere stupido un sogno, non bisogna mai essere così stupidi da abbandonarlo».

Ora mi piacerebbe dare un lieto fine in questa storia, ma a dire il vero non c'è: da quel momento è passato un anno e dopo quel viaggio non ho più rivisto Sheryl. È tornata negli Stati Uniti e, tra l'altro, mi ha detto che sta per sposarsi.

Io non sono diventato l'attaccante dell'Ajax, ma nell'ultimo anno mi sono rimesso in forma, o almeno riesco a correre per novanta minuti senza defibrillatore, e sto facendo la preparazione estiva con una squadra di terza categoria.

Non sono neanche in rosa per il momento, ma in partitella quando manca qualcuno mi fanno giocare.

La maglia dell'Ajax, invece, è appesa in camera mia in modo che ogni giorno, quando mi sveglio, mi posso ricordare che devo credere nei miei sogni, o almeno tentare di continuare a perseguirli, altrimenti che senso avrebbe vivere questa vita?

Qualche giorno fa durante la preparazione a fine allenamento ero completamente sfinito, avevo le gambe distrutte e me ne stavo a boccheggiare a bordocampo come un tonno fuori dall'acqua. A un certo punto arrivò un compagno di squadra molto più giovane di me, mi porse una borraccia piena di acqua fresca, mi offrì la mano per alzarmi e, mentre ce ne tornavamo verso lo spogliatoio, mi disse: «Ho saputo che sei fermo da oltre dieci anni, come mai fai tutto questo?»

La mia risposta fu: «Eh sai com'è, è che voglio fare l'attaccante dell'Ajax, da qualche parte devo pur ripartire!»

Sì, mi ha guardato strano.

Essere la tua ragazza, ecco cosa è stato per me

Di sera c'erano gnocche dappertutto, ne convincevo sempre una.

CHRISTIAN VIERI

Ho vissuto tutti i suoi momenti con un'intensità tale che sono finiti per diventare i miei.

«Amore, non so se oggi il mister mi farà giocare.»

«Non importa, vengo comunque a vedere la partita.»

Il sabato pomeriggio non esisteva nulla: lui era il mio appuntamento fisso. Non ho mai saputo cosa volesse dire uscire a fare shopping o incontrarsi con le amiche: al campo era l'unico posto dove sentivo di poter stare.

Non era il fidanzato che dedicava un gol: piuttosto, in quei momenti, era più Fabio Grosso prima di tuffarsi nell'ammassata coi compagni.

Lo seguivo in casa e in trasferta, con il sole e con la pioggia. Al mattino ci concedevamo la colazione dei campioni al bar. Lui indossava la tuta ufficiale, che dopo qualche mese diventò anche la mia.

«In bocca al lupo amore», un bacio e alle 15.00 al campo. Stare con lui mi ha fatto conoscere lati di me che non pensavo esistessero.

«Amore, abbiamo vinto. Birretta al bar con la squadra?»

«Amore, abbiamo perso. Ci rifacciamo con una birra al bar.»

«Amore, che fai dopo la partita? Noi siamo al bar.»

E io ero sempre lì, al bar.

A bere birra e mangiare pizza che preparavano con cura. Era una festa tutti i sabati, era il nostro angolo di mondo: un paese piccolo dove sapevamo esistere in questo modo così sportivo, così familiare, tutti insieme.

Ricordo le volte che siamo andati a cena già ubriachi, e come potevamo non esserlo?

Ci scusavamo con gli altri, e ridevamo tutto il tempo. Quando esageravamo, direttamente divano e film.

Mi sono resa conto di aver condiviso tutto con lui: il batticuore prima di un rigore, il nostro abbraccio post-partita, quel modo così naturale che avevamo di riconoscerci in quella vita. E non finiva mai lì. La domenica tiravamo fuori il meglio di noi. I ragazzi delle mie amiche le portavano a passeggiare al mare. Lui faceva di più: mi portava a fare le schedine. Io prendevo i palinsesti e pianificavamo ogni singola partita, con l'aria professionale di chi svolge questo lavoro con passione.

«X? No, dai. Cavolo. Questa è una bella partita. Giochiamola live. L'Inter che fa? Amore, la mia Inter vince ma non voglio che ti arrabbi se poi non è così.»

Lui, da juventino, mi dava fiducia perché più che altro gli facevo tenerezza. Come dargli torto: le schedine andavano puntualmente perse perché avevamo una difesa improponibile.

Essere la fidanzata di un giocatore di terza categoria, poi divenuta seconda, non è stato facile. È stato bellissimo. E, si sa, le cose più belle sono le più difficili. La promozione in seconda categoria fu un momento che non dimenticherò mai. Lui, che mai aveva mostrato affetto per me in pubblico, oltrepassò il cancello del campo e venne ad abbracciarmi. Credo di aver lasciato la mia emozione ancora lì.

Essere la fidanzata di un giocatore di seconda categoria forse ti toglie qualcosa, ma ti restituisce molto di più. Io l'ho capito tardi. Perché lui aveva tanti difetti, ma non ho risolto nulla senza di lui. Il sabato sono malinconica, tutto il tempo. Ieri sera è stato il nostro derby, ma lui non era al mio fianco a dirmi prescritta quando gli facevo notare quanto fosse gobbo. E oggi scrivo queste parole su Calciatori Brutti con quella malinconia che non ci è mai appartenuta, perché con Calciatori Brutti abbiamo riso tanto. Voi ci avete unito così tanto che eravamo felici tutto il tempo. Ecco perché so che leggerà queste parole: perché, da voi, non ne ha mai persa una. E sono sicura che saprà che sono io.

La domenica senza lui, e senza serie A, è una domenica persa.

La partita di calcetto del venerdì

La tecnica è il pane dei ricchi, la tattica è il pane dei poveri.

CARLO MAZZONE

È ORMAI il fine settimana e gli amici ti hanno chiamato perché hanno in mente la partitella a calcetto del secolo, o forse perché non riuscivano nemmeno ad arrivare a cinque senza di te.

Si sa, c'è quello che non ha mai soldi, ma che puoi trovare ogni ottobre a dormire nella sua Ferrari in doppia fila davanti all'Apple Store per il nuovo iPhone, o in giro per il mondo per una vacanza.

Quello così instabile fisicamente che l'unica volta che stava per dare l'ok si è slogato il pollice per scorrere il touchscreen nel tentativo di rispondere. Poi c'è il più odioso di tutti, quello che alla mattina del match ti rassicura sulla sua presenza, anzi, sembra impaziente di giocare: «Vecchio stai tranquillo», oppure: «Se ti ho detto che ci sono ci sono», «Carico per stasera?» Ma, quando manca un'ora, inesorabile ti vibra il telefono: «Oh guarda, ho avuto un contrattempo non posso esserci oggi. MI DISPIACE».

Quindi chiamano te, e malauguratamente dici di sì, guardando con fare malinconico la tua caviglia sperando di poterla riportare a casa attaccata alla gamba e non in una scatola.

Piove, e la voglia di giocare scende subito sotto zero, ma sei un uomo di parola e prendi la tua maglietta di Mozart e le scarpe ormai bucate e ti dirigi verso l'impianto sportivo.

Arrivi sul campo cinque minuti prima dell'inizio, due stanno già facendo riscaldamento cercando di non strapparsi prima ancora di cominciare.

Arriva il quarto e naturalmente si sparano le solite minchiate mentre ormai è ora di giocare.

Non sarebbe una partita di calcetto senza il ritardatario che, il 90 percento delle volte, non ha nemmeno i soldi perché nella fretta li ha dimenticati a casa, facendoti sentire come un mangiamorte davanti a un babbano, anche se le maledizioni sono diverse.

Lanci uno sguardo alla squadra avversaria e ti chiedi da dove escano.

Questi con la divisa pulita, gli scarpini che sembrano quelli di CR7 e una parvenza di gioco tecnico-tattico da ripassare nel riscaldamento. Hanno pure una riserva che si sta già scaldando.

Ti volti verso il tuo amico e gli chiedi se questi giocano insieme, la risposta arriva a cinquanta secondi dall'inizio, quando tu hai già il fiatone e loro sono sul 2 a 0.

Quello è il momento in cui capisci che non sarai tu a doverti preoccupare di portare le rotule a casa, capisci che, al contrario di quello che pensano i tuoi genitori e la tua ragazza, la partita di calcetto è peggio del Vietnam.

Inizi a buttarti su ogni pallone e, quando l'aritmia te lo consente, fai anche qualche scatto per farti sbeffeggiare da ogni giocatore in campo.

Dopo venti minuti si litiga per chi deve entrare in porta. D'altronde si sa che chi non gioca a calcetto non vuole soffrire, essere tradito, morire, a chi gioca a calcetto basta non stare troppo in porta.

Alla mezz'ora sono tutti stanchi e si dà la colpa al freddo invece che alla voglia mai avuta di provare a muoversi, della serie: E anche oggi si corre domani, e via dicendo.

Manca ormai un quarto d'ora e non si tiene più il conto dei gol, cominciano le allucinazioni e la palla sembra muoversi troppo velocemente. Manca sempre meno al fischio finale, e quelli dell'altra squadra propongono il golden gol.

A quelle parole tu e i tuoi amici vi rianimate: avete segnato quanto Messi in serie A ma siete fiduciosi, ora avete la spinta morale per portare il pallone oltre la vostra metà campo.

Gli altri riprendono a giocare in maniera sublime, ma ormai vedete solo la gloria davanti a voi.

Il fiato non c'è più da molto tempo, le gambe sono solo un lontano ricordo, ma per miracolo riuscite a rubare palla.

Incredibilmente lanci sulla sinistra dove il tuo amico ritardatario fa il primo stop della partita e forse della sua vita.

La crossa in mezzo e vieni pervaso dallo spirito di Pinilla che, dopo averti fatto vivere uno dei peggiori momenti della tua vita, ti aiuta a fare quella rovesciata che sogni dalle elementari.

Tocchi la palla, la senti ma non vedi dove va. Cadi a terra. Ti rialzi e senti urlare.

Non sai come sia possibile, ma nel giro di dieci secondi avete preso contropiede e gol.

L'hai ciccata, e il tuo compagno sulla fascia con lo spirito è già in ospedale.

Vi cambiate, pagate tutti e vi date appuntamento

alla prossima con gli altri, che rifiutano garbatamente un invito a bere una birra.

La birra vi aspetta, e appena entrate vedete la barista di qualche anno più vecchia che vi scalda il sangue e vorreste in squadra quel figone di Borriello per farla sedere al tavolo.

Ma il più affascinante di voi ha la pancia di Muriel e i capelli di Maran, quindi ve ne state per i fatti vostri a commentare con l'eleganza di un gruppo di hooligans ubriachi.

Il ritardatario ha finito i soldi e gli si deve offrire la birra, un altro sta scrivendo alla sua ragazza che ha appena finito ma c'è traffico, e tu stai lì e vorresti che quegli attimi non finissero mai.

È in quel momento che pensi che il calcio non è solo di chi sa giocarlo, ma di chiunque abbia abbastanza ignoranza per viverlo.

Redimere una carriera

In fin dei conti il calcio è fantasia, un cartone animato per adulti.

Osvaldo Soriano

JUAL

Il fato c'è. Esiste.

Lo si può chiamare in tanti modi ma alla fine per probabilità statistica o per forze sovrannaturali ci troviamo sempre a fare i conti col nostro passato, con esperienze già vissute, con persone già affrontate, dalle quali siamo usciti sempre sconfitti, sempre secondi.

L'abitudine della sconfitta lentamente ti rende la stessa indolore, diventi apatico. Comprendi che la vittoria, almeno in quel campo, non fa per te. C'è chi nasce col piede fatato e coi riflessi di un'aquila, e chi nasce per fare due conti o per costruire un palazzo. Ed è giusto che i primi stiano a giocare in campi verdi, in cui l'erba fresca ti accarezza la suola delle scarpe appena comprate, in cui il tifo attorno ti carica o ti spaventa; ma è anche giusto che i secondi stiano nel loro posto, sulla loro sedia, davanti al loro computer, con le loro penne e i loro orari.

In questo equilibrio fin troppo scontato, però, interviene qualcosa di imprevedibile, il ragazzo coi piedi da fabbro e col tocco di palla di un carpentiere, per una sera, per un secondo, può sentirsi un eroe, può sentirsi Fabio Grosso.

Nove anni di calcio, quello scolastico, quello che cominci dalla categoria Pulcini fino a quella Allievi, conosci il calcio dei bambini, già sporco e malato in alcune realtà cittadine, e conosci quello ignorante, di cattiveria, agonistico degli adolescenti. La natura non ti ha dato dei piedi buoni, mentre i tuoi compagni palleggiano egregiamente provando e imitando i tocchi dei fenomeni in tv, tu sei lì a cercare di capire come controllare la palla che arriva dall'alto, come stopparla, come tenerla attaccata a quel piede destro che non ne vuole sapere di tenersela vicino.

La stessa natura però ti ha dato una decina di centimetri in più rispetto ai tuoi coetanei, un fisico più robusto e una mentalità da lottatore. Così puoi compensare le tue doti, metterti dietro, a fare da diga tra gli attaccanti e la tua porta.

I primi anni va bene, sei titolare, le tue doti fisiche compensano il deficit tecnico.

Poi però gli anni passano, lo sviluppo fisico arriva

per tutti, e quello leggermente più basso ma coi piedi più buoni, ti frega il posto. Allora rimani ingabbiato in quel tunnel della panchina, nel quale con la stessa apatia che ricordavo sopra, scivoli sempre più giù, sempre più in basso. E così, dopo nove anni di sogni, qualche effimera soddisfazione personale, e qualcuna di più di squadra, decidi di ritirarti.

È giusto che giochi chi quel pallone sapeva accarezzarlo fin dalla tenera età. A te rimane il piacere di qualche calcettata con gli amici, in cui scopri di avere un talento che, mannaggia la miseria, fosse emerso qualche anno prima probabilmente giocheresti ancora. Però, forse, è solo merito degli avversari con cui giochi ora, gente che un pallone non sa neanche come è fatto.

Proprio tra queste partite si può nascondere la tua rivincita.

Viene organizzato un torneo di calcio a otto tra le parrocchie della città. Si sa per tradizione che tra quei sedici che calpesteranno il tappeto verde, solo due hanno visto come è fatta una chiesa, uno per andare al battesimo del cugino, l'altro per accendere un cero dopo che gli mancava l'1 in Cagliari-Inter per vincere 270 euro di schedina.

Sai benissimo che tra quegli avversari c'è chi sui campi, ai tempi dei Pulcini o dei Giovanissimi, ti sbeffeggiava, ti prendeva il posto.

Allora ti scegli una decina di amici, alcuni forti, altri meno, e inizi a pensare a una ipotetica rivincita; l'apatia comincia a smuoversi.

In squadra sei il portiere di turno, sì perché tutti sanno che è più facile che finiscano la Salerno-Reggio Calabria piuttosto che un tuo passaggio arrivi al corretto destinatario. Però sei alto, hai guardato mille partite, sogni di volare come Buffon e a volte ci provi anche, e allora in porta, alla fine, puoi anche starci.

Insieme alla tua squadra, superi il girone, passi ai quarti di finale e approdi anche in semifinale. Il destino sembra spalancarti le porte verso quella rivincita tanto sognata. Il destino però è anche stronzo, è bastardo. Ti ricorda ancora una volta da dove vieni e cosa hai passato, ti fa di nuovo abbassare la testa e ricordare che sei uno da sconfitta, una riserva.

I tuoi compagni trovano uno che in porta ci sa realmente stare, uno più bravo di te insomma, ancora una volta.

Scivoli di nuovo in un tunnel che già conosci, quello della panchina. C'è una differenza enorme, però: l'uomo in piedi davanti a te, il mister, è uno che ti conosce, sa cosa puoi dare, e al momento giusto ti mette in campo, terzino, per far rifiatare il titolare. È già qualcosa, pensi. Poi succede l'imprevisto, il fatto che cambia le carte in tavola.

Il tuo attaccante fa un brutto fallo di reazione, il mister lo sostituisce per evitare l'espulsione.

Il posto in attacco rimane vuoto e lui sceglie te per occuparlo.

Perché hai corsa, hai fiato, puoi fare pressing e portare a casa il risultato, nessuno si sogna un gol da parte tua, ma tanto siamo in vantaggio, poco importa.

A fine gara ricevi i complimenti di tutti, per l'impegno, come sempre. Arrivi in finale, ci arrivi guardando ogni volta prima della partita il video con tutte le introduzioni di Caressa ai Mondiali 2006, conosci a memoria citazioni quali: «Nel calcio vogliamo comandare noi», o: «Il coraggio non è mai stato non avere paura», piuttosto che citazioni manzoniane o dantesche.

Sogni di diventare un eroe, dal nulla, proprio come Fabio Grosso.

Sei in finale e ancora una volta inizi in panchina, oggi ci sono tutti, non c'è spazio per te.

Finisce il primo tempo, sei in vantaggio, 1 a 0.

La punta della squadra però è affaticata dalla pubalgia, il mister la sostituisce e, con una naturalezza che ti fa rimanere interdetto, lascia a te l'onore di essere l'uomo di riferimento là davanti. Attaccante in finale, partendo da portiere, non realizzi.

Cominci a sbatterti tra i difensori avversari, giochi sporco, di fisico, gomitate, sponde, pressing alto. Tutto molto apprezzato, eppure questa volta accade l'episodio inverso di qualche partita prima. È il terzino della tua squadra a prendere il cartellino rosso, espulso, sei costretto ad arretrare per prendere il suo posto, fine del sogno.

Dopo poco subite il pareggio, è 1 a 1, tu però sei incredibilmente in gara, in palla. Sudi, lotti, da te non passano.

Il fortino resiste, si va ai rigori.

E lì interviene un altro fattore magico, la scaramanzia.

Conosci a memoria la finale di Berlino, vorresti imitarla. Ma lì l'Italia andò in svantaggio, e tu, che vorresti seguirne le gesta, eri in vantaggio all'inizio. In Germania fu Zidane a prendere il rosso, qui è stato un tuo compagno a farsi sventolare davanti il cartellino. Pirlo batteva il primo rigore, questa sera invece cominciano loro.

È tutto l'opposto, credi già di aver perso.

I primi cinque rigoristi di entrambe le squadre si dimostrano cecchini implacabili, si va a oltranza. Partono i sesti, fin troppo facile anche per loro. Arriva così, temuto, inaspettato, il tuo turno.

Aspetta però, perché prima devono batterlo loro.

Parte il rigore… parato.

Ti metti le mani nei capelli, tocca a te tirare il rigore decisivo, la gente ti guarda, i tuoi genitori si girano di spalle, il pubblico canta il tuo nome, in testa tua c'è Fabio Grosso che la incrocia di sinistro e va a esultare con gli eroi di Berlino.

Prendi il pallone, lo guardi, c'è scritto serie A, lo giri, non fa per te, non vuoi vedere quella scritta.

Lo posizioni, fai qualche passo indietro e lì ti fermi.

C'è da compiere una scelta, non tra piattone ignorante o collo pieno, già si sa, la prima. La scelta è tra incrociare la palla o tirarla dritto per dritto, Grosso la incrociò, ma lui era sinistro, te destro, e in quella partita era avvenuto tutto il contrario rispetto al 9 luglio.

Così prendi la decisione, sei destinato a prenderla.

Parti, dritto per dritto, palla in rete.

Il resto sono attimi di pura felicità.

La più grande soddisfazione della mia carriera sportiva, un portiere divenuto riserva, poi terzino, poi centravanti e infine eroe della lotteria dei rigori.

Il fato c'è, esiste, e prima o poi ti dà l'occasione di redimerti. A me l'ha data, e con le stesse caratteristiche di quando ero secondo a tutti, mi ha portato a essere l'eroe per una sera.

Fabio Grosso alla fine è chiunque non smette mai di crederci e chi, alla fine, vince sempre.

Fratelli

Non ho bisogno di una fascia per sentirmi un leader.

Sébastien Frey

Il calcio mi ha sempre regalato grandi amicizie ed emozioni, ho conosciuto i più svariati esemplari di essere umano, e giocare per i campi di provincia della mia città è equivalso a un viaggio nella nostra società.

Fumatori incalliti che arrivavano tardi agli allenamenti, quarantenni dai piedi d'oro che giocavano per un misero rimborso spese, gente che si presentava la domenica mattina con le occhiaie al mento dopo aver fatto serata, ragazzi carucci e pettinati che si presentavano con scarpe da 200 euro e diventavano il bersaglio mobile di centrali sovrappeso e annoiati.

Ne parlo con nostalgia perché ho abbandonato la giungla del dilettantismo italiano a ventidue anni, quando molti mi dicevano che era tardi per entrare nel professionismo. Ma a volte la fortuna arriva anche quando sembra essersi dimenticata di te.

Il calcio mi ha dato tanto e tolto di più, mi ha messo davanti a delle scelte e mi ha portato a migliaia di chilometri da casa pieno di sogni e speranze, ed è proprio a migliaia di chilometri da quella che per me tuttora è *casa* che il calcio mi ha regalato e levato di più.

Fui chiamato a giocare in una piccola squadra inglese di cui dopo la mail del mio procuratore dovetti cercare la città su internet, la stessa squadra che non ho mai lasciato da quando sono arrivato qui in terra britannica, ormai sei anni fa.

Non proprio per scelta mia.

Il calcio mi ha dato una rispettabile carriera nelle serie minori, una famiglia, tantissima nostalgia di casa, ma soprattutto mi ha dato un fratello che non smetterò mai di ringraziare: Martin, uno dei pochi appassionati di mixed martial arts (MMA) che ha iniziato prima a combattere poi a giocare, anche se a vederlo le due cose possono coincidere.

Era il capitano, fu il primo a stringermi la mano e a portare pazienza per il mio inglese imbarazzante, primato che mantengo nello spogliatoio nonostante il tempo trascorso qui, quello che veniva a prendermi la mattina per andare agli allenamenti perché di guidare a sinistra non ne avevo assolutamente voglia, quello che mi portava in giro sforzandosi di farmi sentire a casa, il primo con cui litigai per un gol sbagliato in allenamento per il quale mi tirò uno schiaffo per poi portarmi a bere una birra.

Nel rettangolo di gioco Martin predicava nel deserto: guidava da centrocampo una squadra dichiaratamente formata per salvarsi, il cui unico credo era palla lunga e pedalare, la cui unica velleità era correre più veloce degli avversari e per più tempo, la cui unica gioia dopo una vittoria era andare in un pub a sbronzarsi.

Io e Martin diventammo subito buoni amici. Caratterialmente eravamo molto simili: anch'io amavo le arti marziali – nonostante nell'adolescenza i pugni li avessi più presi che tirati – e anch'io come lui ero cresciuto in un contesto difficile.

Aveva tre anni più di me ed era arrivato a giocare nella terza serie inglese dopo il riformatorio e più di quindici incontri nelle gabbie di MMA di tutto il Regno Unito.

Nel professionismo ci era arrivato quasi per caso; stufo di prendere pugni, a diciannove anni aveva iniziato nella squadra del suo quartiere e da lì l'escalation fu velocissima.

Da quando sono arrivato, il suo compito è sempre

stato quello di mettere in riga una squadra di sbandati che giocavano solo per qualche migliaia di sterline, ma senza sentimento.

Martin entrava in campo per la maglia, per la città, era legatissimo al club, più volte davanti a una pinta mi aveva spiegato il senso di appartenenza che provava e la gratitudine per l'ingaggio senza il quale, a detta sua, non avrebbe fatto una bella fine.

Il suo vecchio temperamento ogni tanto veniva a galla: un giorno eravamo in trasferta in una campagna dello Yorkshire e dopo la partita andammo, assieme al nostro portiere, in uno di quegli squallidi pub di Oltremanica che ancora oggi mi fa rimpiangere il *Bar Sport* che avevo sotto casa.

Lì un gruppo di tifosi locali ci riconobbe e, tra insulti che non capivo, finì presto a mazzate con Martin, che combatteva come se stesse lottando per la vita.

Il risultato per me fu un occhio nero con tanto di trafiletto su vari siti internet con annessa foto in cui si vede che mi sto prendendo una sedia in faccia.

Martin è sempre stato come un fratello per me, mi ha fatto conoscere la mia attuale ragazza e mi ha sostenuto anche nei momenti peggiori, quando, a fine allenamento, me ne stavo sotto la pioggia a chiedermi come fossi capitato in quel buco del culo del mondo.

Ha messo il destino della mia vita – e probabilmente del nostro rapporto – in mano a un pallone.

E si sa nel calcio, come nella vita, gli amici si riconoscono nel momento del bisogno, i fratelli invece sono quelli che quando hanno davanti una scelta che potrebbe favorirti a loro discapito scelgono il meglio per te.

Un sabato pomeriggio come gli altri, giocavamo davanti a poche migliaia di persone, la pioggia cadeva come al solito. Insomma, in apparenza tutto normale.

In realtà, in tribuna sedeva un osservatore di una squadra di seconda divisione venuto appositamente per valutarmi.

Al novantesimo avevo giocato una buona partita, ma sentivo che un gol mi avrebbe dato quel qualcosa in più.

Il loro portiere non voleva saperne, ma a tempo scaduto mi procurai un rigore.

Solitamente li tirava Martin, ma quel giorno no, quel giorno mi diede la palla e disse: «*You go*».

Presi il pallone e andai sul dischetto.

Incrociai il suo sguardo; in un mondo come quello del pallone, dove tutti vogliono solo scavalcare gli altri, lui aveva fatto un gesto in apparenza insignificante, ma in realtà di enorme valore simbolico.

I pochi metri che mi separavano dal dischetto mi sembrarono chilometri, le gambe mi tremavano, però era la mia occasione e non potevo fallire.

Ma tutti noi abbiamo i nostri limiti, fisici, mentali, caratteriali.

Le gambe erano pesanti, presi la rincorsa e tirai una cannonata che andò a schiantarsi contro il palo.

Mi sedetti a terra e misi le mani tra i capelli. Martin si avvicinò e mi fece segno di rialzarmi.

Per lui il calcio è proprio come la vita.

Prendi un'imbarcata in amore, lavoro, amicizia, rallenti per qualche tempo ma poi devi ripartire, e prima lo fai meglio è.

Quella società di seconda divisione non mi chiamò mai, anzi retrocedette e ci giocai contro più volte.

Sguazzo ancora nella provincia inglese, mi sono abituato alla pioggia, ai rigori tirati sul palo e alle delusioni.

Quando ripenso a quel rigore non ho rimpianti, mi viene da credere che forse quel giorno fu il destino a farmelo tirare così.

E che un fratello vale più di un rigore segnato.

Il mio grande amore, la bastarda

In Italia il bambino ha soltanto il calcio, non sognerà mai qualcosa di diverso da uno stadio pieno e un pallone tra i piedi. Chiamiamo le cose con il loro nome: questa è dittatura.

FABIO CANNAVARO

«Devi calciare d'interno, non di punta.»

Me lo diceva sempre il mio primo allenatore.

Di mestiere faceva l'autista dei pullman, e la sera veniva a seguire un gruppetto di bambini di otto anni che voleva imparare a giocare a calcio. Sia chiaro, io col pallone ci sono nato. Giocavo con mio padre e mio fratello maggiore sotto casa, oppure nella nostra casa al mare il fine settimana, o in spiaggia quando si andava tutti insieme con cugini e zii.

Classica famiglia del Sud: sette fratelli e una quindicina di nipoti. Ovviamente tutti sfornati negli stessi anni.

Erano vere e proprie partite agonistiche, mi ricordo che mischiavamo genitori con bambini e che ogni tanto ci buttavamo in mezzo anche la cuginetta di turno, la classica bambina piccola, abbronzata, con il caschetto e gli occhi chiari.

Le si strappava il Cicciobello dalle mani, la si piazzava in porta e le si diceva: «Quando arriva la palla tu prendila». E visto che si giocava con le pietre, senza reti e linee, aveva anche il compito di andare a recuperarla.

Faceva caldo, e il nonnismo contro la povera disgraziata era legittimo.

Nelle caserme si è più buoni con i sottoposti, rispetto a una partita in famiglia sotto il sole d'agosto.

Si giocava alla morte, senza esclusioni di colpi e fregandosene delle gerarchie.

Non ero iscritto a una scuola calcio, facevo le attività sportive delle elementari che consistevano in mosca cieca, il gioco dello sparviero, 1, 2, 3 stella e qualche partita a minibasket.

Non ho mai capito perché il calcio non fosse contemplato tra le maestre. Lo dribblavano come Insigne dribbla i dizionari.

E allora vedevo tutti i miei compagni con le scarpette e i tacchetti ai piedi e notavo che a scuola ci venivano direttamente con quelle per poi scappare all'allenamento appena suonava la campanella.

Provavo invidia e rabbia, ma ben presto capii da quale grande sentimento ero travolto: non era né invidia né rabbia, era semplicemente amore.

Amore incondizionato, amore fedele, amore puro.

Convinsi così i miei genitori a portare anche me in quel paradiso chiamato scuola calcio.

E, per mia fortuna, un nostro vicino di casa faceva l'autista di mezzi pubblici e conosceva bene il suo collega che appunto seguiva questi mocciosi due volte alla settimana.

In quattro e quattr'otto mi sono ritrovato anch'io gli scarpini ai piedi: erano un paio di Kronos, comprati nel negozio vicino alla posta dove lavorava mia mamma, ricordo ancora il numero che calzavo: 30.

Potrete sicuramente immaginare che mi facevo anche la doccia con quelle scarpette. Praticamente facevano parte della mia persona.

È cominciata così una lunga storia d'amore destinata a non finire mai.

Perché amare il calcio è forse la cosa più facile da fare, per chi ci nasce dentro. Sognavo di diventare grande per poter giocare ogni giorno, senza dover aspettare il martedì e il giovedì.

Bisognava studiare e andare bene a scuola, per fare due ore di pallone alla settimana.

E di campi con l'erba ce n'erano uno per provincia, forse.

Ho mangiato più polvere bianca io di un operaio dell'Anas, le mie ginocchia hanno una forma atipica, complici tutte le sbucciature subite. Ma ero felice. E lo sono ancora oggi. Sempre di più.

Ma che ne sanno gli altri, che ne sanno quelli che non conoscono il fuorigioco. Che ne sanno quelli che il pallone lo usano solo per tirarlo al cane. Che ne sanno quelli che il pallone lo sequestrano ai bambini. Dovrebbe essere un reato penale sequestrare un pallone ai bambini che ci giocano.

Insomma, avete presente quando a undici, dodici anni ti stai baciando per la prima volta con la tua fidanzatina e arriva il padre con il suo fischio dal balcone che implica lo scolamento della pasta per cena e l'imminente rientro di lei? Ecco, è la stessa cosa.

Tu lì ci rimani male, perché tu in quel momento sei felice e innamorato. E se ti sequestrano un pallone è la stessa cosa.

Ormai non sono più un bambino, anche se continuo a provare gli stessi sentimenti di quando calzavo il 30 e avevo le mie prime Kronos ai piedi.

Sono cresciuto e mi sono autodiagnosticato una malattia incurabile: quella del CALCIO.

Andiamo, non nascondiamoci dietro un dito, noi siamo malati incurabili. La nostra è una patologia, una bellissima patologia, ma pur sempre patologia rimane. Hanno inventato i parcheggi per le donne incinte, dovrebbero inventare dei parcheggi a uso esclusivo di persone malate di calcio. Dovremmo avere un'aliquota dell'Iva diversa dalle persone normali, dovremmo avere agevolazioni sul prezzo del carburante, sull'acquisto di una macchina nuova, sulle trattenute fiscali in busta paga. Dovremmo avere l'esenzione dal pagamento del ticket, dovremmo avere la precedenza alle poste e in banca. Signori, noi siamo persone interdette, siamo persone malate. Non è da persone normali passeggiare con la donna mano nella mano, vedere tre bimbi che giocano con un pallone e sentire una specie di fuoco che si accende dentro. Non è normale comportarsi come cani che appena vedono una sfera rotolare la inseguono ovunque si trovino. Non è normale essere finiti sotto le macchine più volte noi per recuperare palloni, che i meccanici per lavorarci. Noi non siamo in grado di intendere e di volere, siamo persone disposte a venderci cimeli di famiglia pur di avere Higuain al fantacalcio, siamo pronti a finire in galera se subiamo un tunnel. Siamo persone malate perché quando l'anniversario con la donna cade nel weekend ci sentiamo fottuti, cominciamo a sudare dal mese prima. Dovrebbero fare in modo che gli anniversari non cadano mai nel fine settimana, ma è statisticamente impossibile. I weekend esistono e sono belli con anniversari, partite, scommesse e fantacalcio. Ed entri in un pessimo vortice depressivo. E a quel punto la soluzione è solo una: lasciare la moglie sola. E come facciamo senza calcio? Due mesi fa ero fermo al semaforo, a fianco a me c'era un impianto sportivo con della gente che giocava a calcetto. Il pallone è volato in strada, e io mi sono sentito felice. Vi sembra normale? Sono sceso dalla macchina e gliel'ho ricalciato in campo, con tanto di applauso da parte dei giocatori. Effettivamente è stato un gran bel tiro, di collo interno, calibrato benissimo. Che libidine.

È davvero evidente, abbiamo un disturbo. Meraviglioso, però.

Tante belle parole, parole d'amore sincere. Sei pagine dove racconto una fantastica storia d'amore. Ma per ogni bella storia d'amore che si rispetti, arriva il momento in cui l'antagonista ti bussa alla porta e, nonostante tu sia follemente innamorato, e nonostante il tuo partner ti sia fedelissimo, ti rovina i piani e l'esistenza. E io con questo antagonista ci convivo da tempo. E vi dirò di più: questo antagonista è di genere femminile. E rompe i coglioni a tanti calciatori professionisti e non.

Lei è la bastarda, signori, lei è la pubalgia. Una di quelle cose che, una volta preso possesso di te, non se ne andrà mai più via. Ti condizionerà l'intera esistenza dal momento in cui si presenterà a te. Ma è talmente bastarda che non puoi nemmeno farci amicizia. Tu con lei farai la guerra ogni santo giorno della tua santa vita. Ma questa maledetta bastarda è fortissima, è invincibile. Come quando sei ragazzino, il bullo di quartiere ti scoccia e tu chiami i tuoi amici per farti difendere. Io i miei amici li ho chiamati, e ne ho chiamati tanti. Osteopati, massaggiatori, oli vari, fisioterapisti, creme.

Anche perché non trovavo giusto che questa cosa sia entrata dentro i miei adduttori senza chiedermi il permesso. La prima volta è stato un trauma. Ho vissuto con una borsa del ghiaccio sui coglioni per nove mesi. Ancora non lo so, ma forse sono anche diventato sterile nel frattempo! Un cazzo di parto, è stato. La notte il ghiaccio, il giorno cercando una soluzione. Facevo stretching ovunque, al lavoro, al semaforo, in bagno. Andavo a vedere i miei amici giocare, e sono dell'opinione che sia l'apice del masochismo. Spegnersi una sigaretta in fronte, in confronto, è dolce come il miele.

Poi, certo, c'erano i tanti momenti in cui finalmente riuscivi ad alzarti dal letto senza dover chiamare il carroattrezzi. Ti sentivi meglio. «Forse finalmente è andata via», dicevi. La sera organizzi il calcetto con gli amici, è un evento per te. Ti tieni libero da tutto, mangi leggero a pranzo, barba incolta due ore prima di giocare, spalmi l'olio di canfora, spalmi la cremina riscaldante. Arrivi un'ora prima al campo, fai stretching, due allunghi, una corsetta e calcio d'inizio. Al primo passaggio di piatto eccola lì, la bastarda. È tornata. Una scossa, un morso forte e deciso. Bentornata, figlia di puttana. Cinquantotto minuti in porta, con le lacrime agli occhi e l'indecisione se spaccare lo spogliatoio o tornare a casa, chiuderti in camera, saltare la cena e continuare a piangere. È inutile, non te ne liberi, non c'è un cazzo da fare. Comanda lei, tu non puoi niente contro di lei.

Mi sono informato bene su questa patologia. Dicono che sia l'infortunio più brutto che una persona che gioca a calcio possa incontrare. Una frattura scomposta della tibia porta meno conseguenze. Certo, per otto mesi non puoi camminare. Ma sai che un giorno il calvario finisce e che tornerai a giocare, con un osso più forte di prima. Il tendine d'Achille, altro grave infortunio: ma tornerai, se lo curi bene tornerai a indossare gli scarpini.

La pubalgia NO. È quella malattia che ti può davvero mettere al tappeto, definitivamente e senza diritto di replica. Gli esperti dicono che la bastarda si può arginare, limitare, tenere a bada, farla star buona. Ma non c'è un cristiano di ortopedico o fisioterapista che ti dirà che potrai sconfiggerla. Perché è vero, non si può vincere. Perché se diventa cronica puoi tranquillamente contattare psicologi e psichiatri, perché il passo successivo, per chi come me ama il calcio e dovrà privarsene, è la depressione.

Ma io sono un combattente vecchio stampo, non uno di quei pischelli che giocano oggi. Quei cretini che non meritano di essere accostati alla parola «calcio». Quelli che rispondono male a tutti, ai più grandi, che arrivano al campo mezz'ora in ritardo e possibilmente ubriachi dalla serata precedente. Io sono cresciuto con altri valori, ho mangiato panchina che loro manco se lo immaginano, ho rispettato tutti dal primo all'ultimo, compagni, dirigenti e allenatori. E non mi sono dato per vinto. Ho speso soldi, ho girato specialisti, chiromanti, gente improvvisata. Pur di tornare a stare insieme all'amore della vita mia ho provato di tutto.

Il risultato era sempre lo stesso, ma pensavo che ci doveva essere anche per me un'altra possibilità. Così mio fratello, che al tempo soffriva della stessa patologia, un giorno mi disse: «Ste, ho sentito che c'è una ragazza osteopata in grado di far passare la pubalgia in una sola seduta».

Non potevo ridere, perché mi faceva male anche ridere. Chiunque ne ha sofferto sa che ridere, tossire o starnutire provoca dei dolori lancinanti che ti piegano in due. Ma in realtà faceva ridere come scena. Ma com'era possibile? Spinto da una grande curiosità, e anche dall'ennesima luce di speranza, ci sono andato. Sono entrato, mi sono presentato e mi sono sdraiato.

Da quel momento, il mio unico ricordo è il rumore del palo che ho colpito il giorno dopo, appena rientrato in campo. E me lo ricordo bene, quel palo. Perché la prassi era stata la stessa di tutti gli altri tentativi fatti a vuoto. Ma appena ho calciato il pallone in porta, non l'ho seguito con lo sguardo per vedere dove andasse, ma mi sono subito inchinato a guardarmi la coscia. Poi ho sentito il rumore del palo, che per me è stato come il gong di un pugile quando, dopo cinquecento pugni in faccia, ha ancora la forza di stare in piedi e finire sulle sue gambe il round.

Ma quel rumore lo associo ancor di più alla campanella della ricreazione quando andavo a scuola. Libertà, gioia. Ero tornato, il mio amore era tornato da me, e poteva ricominciare la festa.

Per giorni mi svegliavo e mi chiedevo se stessi sognando: io questa bastarda non l'ho arginata in nove mesi, e questa santa di osteopata con tre manovre mi ha risistemato il bacino dandomi di nuovo la gioia. Nel giro di diciotto mesi ho recuperato tutto ciò che mi ero perso nei nove precedenti: non mancavo un torneo, una partita tra amici, gli allenamenti con la squadra, le partite di campionato. Ero una bestia, una bestia insaziabile. Stavo vivendo della mia passione ed ero felice. Giocavo a ogni ora, torneo di calcetto alle 19, allenamento alle 20, torneo di calcio a sette alle 22. Mi veniva mal di testa da quanto correvo e da quanto giocavo, tornavo a casa e mangiavo tutto ciò che trovavo a disposizione. Santa donna la mia fidanzata, che ha subìto tutto questo senza lasciarmi mai solo. Forse aveva capito che io senza quello ero davvero un uomo perduto.

Ma... c'è un ma. Ahimè, c'è un ma.

Ho tirato troppo la corda forse, perché convinto di essere guarito del tutto. L'ho già detto, dalla bastarda non si può guarire. Tenete conto che è un fuocherello sempre acceso, quando è infiammato. Ed è brace quando non lo è. Ecco, se alla brace versiamo sopra un bicchiere di benzina, il fuoco riprende vita. E la mia voglia infinita di giocare è stata la benzina. Ho calciato una punizione, qualche settimana fa, e ho sentito di nuovo quella famosa scossa. Mi sono messo le mani nei capelli, e ho pregato perché fosse un falso allarme. Ma un colpo di tosse mi ha dato la conferma che la bastarda era tornata a imporre il suo gioco offensivo, senza darmi la possibilità di contrattaccare e difendermi. Solo chi ha questo male sa quanto male faccia e di cosa sia capace. La bastarda non ti lascia scampo, torna quando vuole e va via quando vuole. Ma dentro di te c'è sempre. È innamorata dei tuoi adduttori quanto tu sei innamorato del calcio.

Penso a Balzaretti, un professionista serio, ricco, molto più di me, che ha potuto consultare luminari di fama mondiale e che ha dovuto alzare bandiera bianca. Anche lui lo dice sempre: «Tornavo in campo e appena calciavo lei c'era sempre».

E lì pensi: Se non è guarito lui, con tutto quello che ha intorno, quando mai guarirò io?

La salita è ricominciata e, mia cara bastarda, anche questa volta non te la darò vinta. Io ho bisogno di quel pallone tra i piedi per vivere. E tu non riuscirai a separarmi da lui. Ci amiamo da ventisette lunghi anni, sei tu a essere di troppo tra me e lui. Finché tornerai nuovamente in letargo. Perché non puoi andare via, lo so, ma io troverò il modo per farti addormentare per sempre. Questi ultimi diciotto mesi mi hanno fatto sentire di nuovo vivo, e non ho intenzione di rinunciarci. Ormai ti conosco, e non mi arrendo più davanti a te.

Ricomincia la guerra.

Non chiamarmi amico

O passa la palla o passa la gamba. Entrambe no.

Paolo Montero

«Devi picchiare, quel 10 ci fa un gol ad azione se non lo si ferma prima.»

Quelle parole le sentivo ormai da una settimana. Il mio allenatore aveva deciso di affidare a me l'infausto compito di marcare il più forte della squadra avversaria e confidava nelle mie rinomate doti di potatore per fermarlo.

D'altronde, quella che ci aspettava non era una partita come le altre.

A pochi giorni dal fischio d'inizio, in paese non si parlava d'altro e il nostro mister lo sapeva: la sfida di domenica era decisiva per la promozione dalla terza alla seconda categoria e, in un luogo sperduto tra i monti che conta sì e no tremila anime e non ha molto da chiedere alla vita se non un po' di routine e di calcio provinciale, il match era sentitissimo.

Domenica mattina ci aspettava la partita contro quelli che in classifica stavano davanti a noi, a soli due punti, avevamo annusato il loro odore tutto l'anno e ora potevamo prenderli, superarli, festeggiargli in faccia.

In realtà non erano una gran squadra, anzi, come tutte le nostre contendenti, la loro tattica era il classico «palla lunga e pedalare», ma il loro 10 con la sfera tra i piedi era imprendibile.

Dopo averlo visto entrare in campo all'andata non avrei puntato un euro su di lui.

Era magro, alto, movimenti così sgraziati e scoordinati che solo i miei amici dell'oratorio.

Eppure era un campione, ci aveva fatto girare la testa per novanta minuti, e le squadre di prima categoria e promozione facevano a gara per assicurarselo l'anno venturo.

Nella partita giocata da loro, malgrado mi fossi impegnato al massimo, quello era riuscito a segnare pure una tripletta.

Lo chiamavano «Rego», ma non ho mai saputo il perché.

«Devi picchiare, quel 10 ci fa un gol ad azione se non lo si ferma prima.»

Me lo aveva raccomandato più volte il nostro allenatore durante gli allenamenti della settimana, mi aveva addirittura fermato al termine della sessione del martedì quando ero ancora sudato, sporco, con la terra incollata sotto i tacchetti e il fiatone.

Mi aveva tenuto venti minuti abbondanti prima di lasciarmi andare a fare la doccia solo per spiegarmi quanto contasse la partita di domenica e che avrei dovuto fermare in tutti i modi il loro trequartista.

«Non mi importa come.»

Al fischio d'inizio, quando Rego si apprestava a dare il via alla partita, mi resi conto di cosa significassero quelle parole.

«Fagli male perché dobbiamo essere promossi quest'anno, altrimenti il presidente mi licenzia e l'anno prossimo non so più chi allenare.»

Lo capii quando incrociai il suo sguardo e lui guardò il 10 avversario e annuì.

Questo era il mio mister.

Uno che ogni anno cambiava società per casini vari con genitori, viceallenatori, guardalinee, accompagnatori, spettatori e bottigliette d'acqua in un raggio di 3 chilometri.

In allenamento ci faceva faticare tantissimo, ore e ore di corsa e resistenza.

Diceva di volere il massimo da noi. Molti miei compagni avevano cambiato squadra perché non ne potevano più; tutto sommato li capivo, sentirsi dire «Sei una merda» o «Se non impari a giocare non ti metto in campo» non doveva essere facile per loro.

Nel nostro piccolo paese il calcio è sempre stato sentito, ma era sempre rimasto un gioco, soprattutto per me e i miei compagni.

Io sopportavo perché ero il suo preferito e mi ero abituato a quei modi scorbutici, al limite dell'irritante.

Avevo sempre sopportato, fino a quel giorno.

Rego già al primo pallone toccato mi superò con una finta, per fortuna recuperai in scivolata buttando in angolo. Il mister stava in silenzio e guardava solo me, sembrava che si fosse focalizzato soltanto su quella indicazione, probabilmente pensava che il destino della partita e della sua carriera dipendesse dalla mia diligenza nel fare una cosa, quella cosa: dovevo far sì che Rego scomparisse dal terreno.

All'inizio provai a provocarlo, ma non era il tipo da arrabbiarsi, era come i miei amici che se n'erano andati dalla squadra. Troppo buoni per giocare a calcio, troppo buoni per pensare che sul serio qualcuno potesse provocare e fare male per una partita di terza categoria che valeva sì una promozione, ma che anni dopo sarebbe stata utile solo per una noiosa e grigia serata al bar, ubriachi con gli amici.

Io invece ero diverso: grinta e cattiveria, questo avevo imparato negli ultimi anni.

Questo era ciò in cui credevo.

Rego invece era un ragazzo buono, bastava guardarlo in faccia, bastava guardare il suo modo di camminare.

Era uno di quelli che hanno paura della vita, che anche in sordidi campi sabbiosi danzano sul pallone incuranti del pericolo e che finiscono per farsi sottomettere da chiunque.

Era l'unico a non protestare mai con l'arbitro, l'unico a non buttarsi in terra a ogni spinta.

Rego però dava il massimo fino all'ultimo.

Ma nonostante provassi una sorta di rispetto per quel ragazzo non potevo fare brutta figura, io che mi credevo il miglior numero 5 del campionato.

Uno stopper puro, come una volta, piedi storti, ma tenacia e tempismo a volontà.

Allo scadere del primo tempo, Rego comunque riuscì in uno stop a seguire impossibile superandomi in velocità, col doppio passo mandò a cicorie anche il mio libero e poi liberò il destro sul primo palo.

Era davvero bello vederlo giocare. Ci metteva il

cuore, e doveva averlo grandissimo per compensare una così scarsa tecnica.

La palla entrò nell'angolino basso e l'1 a 0 fu inevitabile. Il mio mister stava ancora in silenzio e mi fissava.

All'intervallo tornai negli spogliatoi a testa bassa, schiumavo rabbia, il fiato corto, i vecchietti del paese mormoravano maledicendo noi e i nostri ferri da stiro che chiamavamo piedi.

Il mister si avvicinò e mi prese prima per la maglietta, poi per il coppino.

Iniziò a stringere e alitarmi il suo fiato odor sigaretta direttamente nel naso, in maniera fastidiosa, quasi nemica.

Abbaiava insulti dandomi della femminuccia, del mollo, dell'incapace.

Quando ci sedemmo iniziò a sbraitare, a insultarci, a lanciare le bottigliette d'acqua contro i muri.

Ci fece uscire avviliti, col risultato che rientrammo in campo più arrabbiati che mai, non ci interessava vincere, volevamo solo fare male.

Cinque minuti dopo il fischio d'inizio, Rego stava piangendo a terra.

Non riusciva a muoversi perché gli avevo rotto la gamba, o qualcosa di simile.

Dovevo farlo, per tutti. L'arbitro non si accorse di nulla, nessuno si accorse di nulla finché un suo compagno di squadra non scagliò il pallone in mezzo alla strada gridandomi: «Ma che cazzo hai fatto, stronzo», e si precipitò verso Rego.

Ero in piedi sopra il 10, respiravo corto, attorno a me tutti si avvicinavano con le mani tra i capelli. Mi sentivo come un condor che girava sopra una preda. Rego si dimenava, urlava il suo dolore in un campo sperduto, urlava frasi sconnesse ma non mi odiava, mi guardava con gli occhi lucidi come a chiedere perché, cosa poteva mai avermi fatto per meritarsi un intervento da macellaio sulle caviglie.

I miei pensieri erano confusi: da un lato pensavo che una settimana di preparazione era servita a qualcosa, dall'altra a cosa avevo combinato.

Il mister stava in silenzio, aveva chiamato a sé la nostra ala e gli dava indicazioni.

Ogni tanto alzava la testa e mi guardava sorridendo.

Avremmo vinto la partita.

Portarono Rego fuori dal campo. Non sarebbe mai più tornato a giocare a calcio.

Neanch'io sarei mai più tornato a giocare. Avevo interrotto la carriera di Rego per una stupida promozione. Chiesi il cambio in lacrime, uscii dal campo ancora in completo da gara per salire in ambulanza con lui. Non c'erano i suoi genitori sugli spalti, nessun parente. Mi chiedevo per chi giocasse Rego. Forse giocava per far vincere i buoni. Io avevo sempre giocato per vantarmi, per stare davanti a tutti.

Rego continuava a piangere, mi strinse forte la mano per tutto il viaggio. Aveva vinto lui. I medici mi impedirono di entrare in sala operatoria. Non lo vidi mai più.

Il torneo della scuola

A scuola avevo due in tutte le materie. Un risultato straordinario, ottenuto grazie a un impegno costante. Sono stato bocciato sei volte, tra elementari e medie.

Antonio Cassano

Uno, due, tre.

I gol degli avversari cadevano come grandine.

Tiri da tutte le posizioni che non lasciavano scampo al nostro portiere.

Chi pensava che i gol potessero fare così male?

«È solo un gioco, uno stupido torneo della scuola, lascia perdere e pensa a studiare.» I miei genitori lo ripetevano allo sfinimento, come una filastrocca, fino a far venire la nausea.

Ma a quelle parole non ho mai dato troppo peso...

Anno scolastico 2013, tra interrogazioni saltate, verifiche copiate e le giocate del bidello fenomeno che mi smarcava in corridoio con una bottiglietta o che mi faceva colpire di testa le palline di carta, quella partita fu il primo vero momento in cui la mia classe, l'allora prima L, si riunì fuori dalle mura scolastiche.

Nonostante questo, nonostante la nostra voglia di scaricare i nervi di quei primi mesi passati tra i banchi, alla fine il nostro estremo difensore si dovette chinare dieci volte a ripescare la palla in fondo al sacco; risultato finale contro quella classe di scaricatori di porto con la barba incolta e le braccia grandi quanto le nostre gambe: prima L 0, terza A 10.

Più passavano le settimane più ci accorgevamo che forse noi, ragazzi dai piedi un po' storti, non avevamo grandi speranze in quel piccolo, ignorante e diabolico torneo scolastico.

Ma poi arrivò il giorno, quel giorno: prima L contro prima O, ultimi (noi, con 0 punti) contro penultimi (loro, a 1 punto).

Il tasso d'interesse di quella partita era di poco inferiore rispetto a un'eccezionale amichevole di mezza estate tra Perugia e Virtus Lamezia.

Eppure quel match per noi fu la svolta.

Era buona abitudine che tutti arrivassero al campo con quindici minuti di anticipo, in modo tale da darsi le ultime indicazioni e la formazione.

L'attesa passava tra un rutto, una scommessa su chi avrebbe segnato e tra un: «Ma che compiti abbiamo per domani?» e confessioni adolescenziali su chi ci saremmo voluti bombare della classe benché molti di noi non avessero idea di come fosse fatta una vagina.

Quel giorno, invece, fu diverso.

Ci guardammo intensamente per dieci minuti abbondanti.

Nessuna bocca aveva il coraggio di dire ciò che quegli sguardi esprimevano invece benissimo: Se oggi perdiamo, ci possiamo anche ritirare dal torneo.

Entrammo in campo: una sottile pioggerella e un freddo cane ci attendevano.

Il tempo di quattro passaggi, un po' di stretching e il professore fischiò l'inizio.

Nemmeno il tempo di dire «Siphiwe Tshabalala» che eravamo sotto di due gol: liscio madornale del difensore centrale e papera del portiere che probabilmente usava i piedi solo per salire sull'autobus.

A quel punto, però, in noi si accese qualcosa, qualcosa di simile all'orgoglio: perché se dopo sei partite e un tempo hai preso circa cinquanta gol e ne hai fatti sì e no sette, beh a quel punto ti girano proprio i coglioni e sopperisci alle mancanze tecniche con la voglia, il sacrificio e una buona dose d'ignoranza, anche se si trattava solo di «uno stupido torneo della scuola».

E così noi, ragazzi con i piedi storti ma con la cattiveria giusta, facemmo una rimonta che manco il Liverpool contro il Milan a Istanbul.

Finì 7 a 2, la squadra era salva, dentro di noi qualcosa era cambiato e non era la peperonata del pranzo.

Nelle successive dieci giornate ottenemmo nove vittorie e un pareggio ottenuto contro gli scaricatori barbuti della prima giornata: risalimmo la classifica in maniera paurosa.

Era un torneo a dieci squadre, soltanto le prime due andavano a giocarsi la finalissima.

Se la prima in classifica era irraggiungibile, la seconda invece si trovava a solo un punto da noi, l'obiettivo era vicino, a una sola giornata dalla fine.

Arrivò puntualmente una piacevole domenica pomeriggio di primavera.

Ma quella partita contro l'ottava in classifica non si concluse con un lieto fine perché, si sa, il calcio prima ti dà tutto e ti fa sognare per poi farti svegliare nel momento più bello, tutto sudato e incazzato.

Il torneo della prima L finì con un triste 0 a 0 che fece sfumare non solo la qualificazione, ma anche la nostra allegria per almeno una settimana. Però non la nostra amicizia.

Perché mai come durante le partite di quello «stupido torneo della scuola» ci siamo sentiti uniti, uno vicino all'altro. Perché il calcio è il linguaggio migliore per legarsi agli altri.

Ho vinto l'Europeo con l'Islanda

Nun me và de giocà a pallone anche ai videogiochi, tutto il giorno a giocà a pallone, nun me và. Vojo fà un gioco de ruolo, vojo ammazzà i dragoni.

Alessandro Florenzi

Vivo in Olanda da un po' di tempo.

Ho acquistato gli ultimi titoli di videogiochi calcistici qui in terra Orange e, nonostante le innumerevoli carriere, mi mancava la telecronaca in italiano e quel tocco di nostalgia che mi riporta ai tempi dell'università.

Così, l'anno scorso, l'ultimo giorno di ferie in Italia ho comprato Pro Evolution Soccer.

In un negozio davanti alla spiaggia, in costume, con ancora il sale del mare addosso, in affanno perché quello stava pure per chiudere.

D'altronde, chi cazzo compra un videogioco di calcio ad agosto?

Il negoziante, bontà sua, mi informò che le squadre non erano aggiornate e che molti campionati non hanno ottenuto le relative licenze. Poco male.

Avevo messo in conto l'attività di editing e non ho mai dimenticato la pazienza e il tempo dedicato ai dati di modifica, sviluppando una memoria che rasenta l'autismo.

Rientrai ad Amsterdam alle 23. Il lavoro l'indomani iniziava alle 9.

La tentazione era forte, ma non potevo rischiare il posto per Caressa e Marchegiani.

Decisi, leopardianamente, di mantenere l'involucro integro e di accendere la PS solo alle 16, quando sarei rientrato dall'ufficio.

Davanti al computer già fantasticavo su quale squadra avrei scelto, da quale competizione avrei iniziato e tutte quelle cose che sono anche nella testa di mio cugino, undici anni da compiere.

Continuavo a guardare l'orologio nella speranza che arrivasse in fretta la fine della giornata, che come accade sempre quando si aspetta sembrava invece non finire mai.

Appena terminato l'orario inforcai la bicicletta rischiando più volte di cadere, incluse quelle nel tentativo di salita al volo e quando scendendo la scaraventai nel ripostiglio sotto casa.

Salii le scale con foga fantozziana.

Il ragioniere stava al telecomando come io stavo al joypad.

Rapida occhiata alle squadre.

Cominciò la modifica e il cammino verso la miopia aggravata assicurata.

Fu subito gioia. Oltre alle innumerevoli nazionali e alle classiche opzioni, una nuova avventura mi coinvolse: la modifica degli striscioni.

Abbandonai «solo per un momento», i trasferimenti e la modifica dei nomi delle squadre per testare questa nuova delizia.

D'altronde, mancavano solo Turchia, Ucraina, Africa, Americhe e Asia per completare l'aggiornamento rose.

Vuoi mettere giocare all'Olimpico e ammirare un «Turone rosicone» o «Baresi di nuovo papà» al Meazza?

Mi persi. La fantasia al potere.

Poi, un tuffo al cuore.

La notifica di messaggeria istantanea mi ricordò l'appuntamento con un'amica per una birra, impegno preso tempo prima.

19.12 «*Where are you?*»

Dove sei?

Sono a Reykjavik, sto caricando i miei giocatori in vista dell'Europeo, diramo le ultime convocazioni e saliamo sull'aereo, ci attende un lungo mese, tutti ci danno per spacciati ma io so che possiamo arrivare in alto con la grinta e il carattere che ci hanno sempre contraddistinti.

Sapevo che non avrei dovuto farlo, ma non potevo abbandonare i futuri protagonisti del mio trastullo senza una vera identità.

Cominciai bene con la Turchia. Incespicai sull'Ucraina e vinsi contro il Galles.

Poi mi venne in mente che non avevo terminato i trasferimenti di serie A.

Sarebbe stato come lasciar bruciare la torta della nonna.

19.48 «*You ok?*»

«*Yeah, some problem with the bike, 20 minutes and I'll be there.*»

Un bugiardo. Non potevo farci nulla, era più forte di me.

Intanto i miei pollici iniziavano a prendere fuoco.

Rischiai una seria tendinite, ma chiusi anche l'ultimo trasferimento delle big.

In ragione della mia pseudogalanteria, omisi la modifica di Ali Adnan all'Udinese e la lasciai per il ritorno.

La mia camera era un collage di post-it come in *A beautiful mind*.

20.29 «*Marco, what the **** are you doing?*»

Lo sapevo. Ero in torto marcio, ma mi imposi di tornare all'Africa e misi mano all'Algeria.

20.45 «*Marco, I'm worried. Where are you?*»

Alla fine cedo all'onestà e confesso tutto.

20.46 «*Burkina Faso, sorry.*»

Questo fu l'ultimo messaggio.

Non della serata, ma in generale.

Ho perso un appuntamento, ma vuoi mettere vincere l'Europeo con l'Islanda?

Tanto dovevo all'ignoranza.

Macchinata ignorante

C'è qualcosa di magico perché sapevano di non trovare un letto, che questo letto sarebbe stata una macchina ignorante. Sapevano di non trovare i biglietti e sono voluti venire lo stesso. Non so cosa ha spinto questi ragazzi a venire qua, ma io non posso che ringraziarli di cuore. Che dire allora: grazie, grazie perché mi avete dato un grosso aiuto e ci siamo sentiti ancora tutti più italiani.

CLAUDIO RANIERI

MAMMA STASERA FACCIO TARDY
SONO A SPACCARMI CON JAMIE VARDY

TUTTE le cose più belle nascono per gioco, specialmente tutte quelle che sembrano impossibili, specialmente quando partono per scherzo su internet.

Così è stato anche per la famigerata macchinata ignorante: nessuno di noi immaginava che, un post fatto per caso in una fredda giornata di fine gennaio, quando il Leicester iniziava ad arrancare, diventasse non solo realtà, ma anche uno degli eventi più discussi del 2016, quasi al livello dell'eliminazione dell'Uomo Gatto a *Sarabanda*.

Da allora ogni sabato non aspettavamo solo la serie A, ma soprattutto la partita delle Foxes di Ranieri.

Abbiamo iniziato a conoscere a memoria nomi che fino a qualche tempo prima sentivamo solo per sbaglio; calciatori che nella maggior parte dei casi avevamo soltanto intravisto cominciavano a far parte di noi: Drinkwater, Okazaki, Mahrez, Fuchs.

Tutta la nostra community aveva iniziato a rispecchiarsi nel sogno di quella squadra delle Midlands Orientali che l'anno prima si era salvata l'ultima giornata e che solo qualche mese dopo scendeva in campo per giocarsela con tutti.

La stessa che vedeva sulla sua panchina *The Tinkerman*, un allenatore che da un po' di tempo veniva snobbato ovunque andasse, un allenatore preso in giro, deriso, reietto in tutta la nostra serie A. Uno che poi si è preso una bella rivincita.

Sabato dopo sabato, settimana dopo settimana, sbronza dopo sbronza, gol di Vardy dopo gol di Vardy, quello che sembrava un lunghissimo sogno che si sarebbe concluso con una doccia gelata, quello che sembrava un lunghissimo sogno che sarebbe finito a suon di asfaltate dei top club facendo morire così quel briciolo di romanticismo che aveva fatto rinascere nel mondo del calcio, andava avanti inesorabile. Il tutto fino al pareggio del Tottenham contro il Chelsea che incoronava campioni gli uomini di Ranieri.

Ricordo ancora che due di noi erano al cinema e uno a casa a seguire la partita, ricordo la tempesta di post sull'evento e i messaggi alla pagina, ricordo il nostro pensiero comune: E adesso, che cazzo facciamo?

Ora, immaginate tre ragazzi che il viaggio più lungo che abbiano mai organizzato è stato a Rosolina Mare, con mesi e mesi di anticipo, mezzi di trasporto organizzati al secondo, peperonate al pranzo cotte a puntino e pronti contro ogni inconveniente che avrebbero potuto trovarsi di fronte.

Immaginate che questi tre ragazzi si trovino davanti ad altri sessantamila che iniziano a chiedere sempre più insistentemente come si sarebbe arrivati fino a Leicester, se per l'espatrio serviva la carta d'identità o se andava bene la tessera della mensa, se sulla giustificazione per la scuola dovevano scrivere «macchinata ignorante».

Ragazzi di quattordici anni che hanno domandato se potevano scappare di casa, gente in procinto di sposarsi che aveva deciso di trascorrere le ultime ore di libertà su un pullman pieno di bestie che per settantadue ore si sarebbero nutrite solo di caramelle e bevande energetiche e che avrebbero respirato odori mai sentiti nemmeno nelle peggiori stalle.

Media nazionali e internazionali che si interessavano alla vicenda, persone che gufavano perché ci fermassero alla frontiera, che ci si bucasse una gomma, giornali che ci facevano la più semplice delle domande: Perché?

Il perché lo si può trovare nel lungo viaggio che abbiamo affrontato, ma che soprattutto hanno affrontato quattro pullman di sconosciuti diventati amici e centinaia di macchine da tutta Italia – pardon, Europa – anzi a pensarci bene ne ha approfittato pure un ragazzo che è volato dal Texas e ci ha raggiunti prima di fare un po' di vacanza.

Il nostro viaggio. Più che viaggio è stata un'odissea.

Dopo un'ora abbondante di ignoranza, palleggi degni della peggior squadra di oratorio e cori verso qualsiasi essere vivente di sesso femminile che passasse per il piazzale di San Siro, siamo partiti con due macchine.

Si capisce subito come andrà a finire quando siamo costretti ad abbandonare per emergenza lavorativa a Grenoble uno degli otto, ma tutto sommato poi l'andata non è stata così male: tra soste moleste in autogrill ed entusiasmo siamo riusciti ad arrivare a Leicester dopo tutti i pullman, dove una marea di italiani aveva già iniziato a festeggiare.

Davanti a noi centinaia di ragazzi che avevano improvvisato partitelle trenta contro trenta, gente sbronza – pardon, stravolta – ma contenta. Una felicità che molti hanno definito banale, la felicità di un bambino la cui squadra non vede un trofeo da secoli ma che si sente partecipe in questa storia di Underdog, di calciatori che prima di avere due piedi fatati sono soprattutto uomini e campioni dentro. Il parco è pieno di persone che ci ringraziano di tutto, come se scrivere stronzate su internet fosse un merito, ragazzi che ci dicono che hanno preso ferie, hanno saltato gite fuori porta ben più comode per quella che è stata una follia, una follia che però non avrebbero mai dimenticato.

Attorno a noi un parco giochi: gente che collassava per terra, polizia in divisa che ci incitava a cantare: una delle poche cose che ci ha resi fieri di questi anni di cazzeggio, il nostro primo raduno fatto all'estero con più di mille persone, il non essere gli unici ad avere dei gravi problemi mentali e fare cose del genere.

Tempo di asciugare le lacrime di commozione con un kebab molto piccante, e via in corteo sotto la pioggia verso lo stadio cantando cori casuali, tifosi locali che grazie a Dio non ci prendono a sassate ma si uniscono a noi, ci fotografano, fanno video manco fossimo al circo, una sensazione inebriante che aveva ubriacato non solo un'intera città, ma anche una nazione e tutto il mondo.

La festa è storia, ne abbiamo parlato in lungo e in largo, ne hanno parlato i giornali, le tv, le questure.

Mentre i pullman ripartono in tarda nottata, noi di CB ci prendiamo la domenica per riprenderci dalla terza notte trascorsa in macchina, e ripartiamo a sera inoltrata.

Visto il corto viaggio che ci attendeva, abbiamo deciso di fare una deviazione di qualche centinaio di chilometri e ci siamo fermati a Brighton, Sud dell'Inghilterra, una ridente cittadina dal mare lercio e dal clima tipicamente inglese.

Il miraggio di un hotel ci illude che per la prima volta possiamo accamparci in una bettola di quart'ordine vicino a un pub con musica metal ma, incredibilmente, quell'albergo è completo.

Non ci perdiamo d'animo e prendiamo tre strade in contromano prima di trovare un altro albergo, anche quello pieno.

Ennesima notte in macchina, colazione a base di fish and chips, hamburger, uova e infarto garantito entro i trenta, e ripartiamo più convinti che mai.

Arriviamo nella Francia del Sud e vediamo dei lampi che ci preoccupano, ma qualche settimana dopo scopriremo che erano dei simpatici autovelox, arriviamo al traforo, sembra tutto fatto.

Ultimi cinque chilometri senza nessuna macchina davanti, traguardo sempre più vicino fino a quando un camion ci sbarra la strada e un uomo con un caschetto giallo ci indica un segnale con scritto CHIUSO DALLE VENTIDUE ALLE SEI.

Quarta notte in auto, ma non molliamo: entriamo in autogrill e sembriamo usciti da un rave con l'aggravante che uno bestemmia, l'altro ha i capelli blu e il terzo è vestito come uno spacciatore del Bronx. Estorciamo del cibo alla commessa e dormiamo nella macchina parcheggiata di traverso davanti all'autogrill, giusto che prenda il wi-fi per comunicare con i nostri genitori che avevano iniziato a comporre il numero di *Chi l'ha visto?*

Il resto è cronaca, fortunatamente non nera.

Finito di stampare presso ELCOGRAF S.p.A.
Stabilimento di Cles (TN)
Printed in Italy